100 Geheimnisse der Liebe

Chuck Spezzano

100 *Geheimnisse der* Liebe

Geschenke zur Heilung der Herzen und zur Vermehrung des Glücks

Aus dem Englischen von Diane von Weltzien

INTEGRAL

Jeder neu hinzugewonnene Bruder trägt zur Stärkung,
jede Schwester zur Ermutigung bei.
Ich danke euch, lieber Bruder Jonathan und süße Schwester Jeannie.

Der Integral-Verlag ist ein Unternehmen
der Econ Ullstein List Verlag GmbH & Co. KG

ISBN 3-7787-9091-9

Erste Auflage 2002

(Titel der Originalausgabe »100 Healing Principles«)

Umschlaggestaltung: HildenDesign, München
Gesetzt aus der Tahoma
bei EDV-Fotosatz Huber/Verlagsservice G. Pfeifer, Germering
Druck und Bindung: Freiburger Graphische Betriebe, Freiburg i. Br.

Inhaltsverzeichnis

Vorwort

Seit langem hege ich den Wunsch, dieses Buch zu schreiben. Seit acht Jahren drängt es sich in wechselnder Gestalt und mit unterschiedlichen Zielsetzungen immer wieder in meinen Kopf. Immer wieder aber auch waren andere Buchprojekte und Vorhaben zu zahlreich, oder sie stellten zu hohe Anforderungen, um noch Platz für eine weitere Aufgabe zu lassen. Wenn ich mich richtig erinnere, dann ist dies der dritte Anlauf, und dieses »Kind« erblickte trotz eines übervollen Terminkalenders das Licht der Welt. Dieses Buch wollte dringend geschrieben werden. Ich bin froh darüber, dass es sich meiner Stimme bediente. Weniger gefällt mir, dass es trotz meines gegenwärtigen Schlafmangels und der hohen Anforderungen, die ein neugeborenes Buch stellt, weitere Brüder und Schwestern zum Spielen verlangt. Ich sage ihm, dass ich dafür zu beschäftigt bin. Doch das sei ihm egal, entgegnet es, und wenn es darauf warten müsse, bis die Inspiration sich wieder ihren Weg ans Licht erzwinge, dann sei das eben so. Es werde geduldig sein. Erst einmal.

Inzwischen hat das Buch zahlreiche »Windelwechsel« hinter sich, und wie die meisten Eltern wunderte ich mich dabei darüber, wie immer wieder ein solches Chaos auf so vielen Seiten entstehen konnte, die bereits so makellos erschienen.

Um dem fortwährenden Umschreiben des Manuskripts ein Ende zu setzen – eine Krankheit, die ich offenbar mit vielen Autoren teile –, bin ich auf die alte erprobte Methode verfallen: dieses Buch endlich mit seinen Lesern zu teilen. Wenn dieses »Baby« seinen Zweck erfüllt, dann bedarf es nicht weiterer ständiger Veränderungen, sondern es führt selbst Veränderung herbei: in den Menschen, mit denen es sich zusammentut. Mögen all die Veränderungen, die Sie durchlaufen, gesegnet sein.

Chuck Spezzano
Hawaii, Februar 2001

Einführung

Dieses Buch wurde mit einer synchronistischen Zielsetzung und in einem synchronistischen Stil geschrieben. Wenn Sie also in einer bestimmten Situation nach dem für Sie richtigen Heilgeschenk suchen und zu diesem Zweck eine Zahl zwischen eins und hundert wählen oder das Buch an einer beliebigen Stelle aufschlagen, dann stellen Sie typischerweise fest, dass das gefundene Prinzip in Ihrer Situation eine zentrale Bedeutung spielt. Diese manchmal etwas unheimlich erscheinende Tatsache kann Ihnen selbst dann helfen, wenn Sie lediglich danach fragen, was Ihnen gerade von größtem Nutzen sein könnte. Falls Sie jeden Tag eines der hundert Geheimnisse lesen und es in sich aufnehmen, stellen Sie vielleicht fest, dass es Ihnen gerade an diesem Tag besonders treffend erscheint.

Machen Sie sich keine Sorgen, falls Sie nicht alles beim ersten Durchlesen aufnehmen können. Es wurde für eine breite Leserschaft geschrieben, sowohl für absolute Anfänger als auch für diejenigen, die alle meine Bücher kennen. Dieses Buch ist als Lebensgefährte gedacht, der Ihnen, je weiter Sie in der Liebe kommen, immer mehr Schätze offenbart. Wenn Sie es tief und gründlich erforschen, werden Sie feststellen, dass es Sie nicht nur mit wichtigen Einsichten versorgt und Ihre Bewusstheit steigert, sondern Ihnen auch ein Modell für Heilung und Wandel bietet, das Sie sich ein Leben lang zunutze machen können.

Sie müssen keineswegs mit allem in diesem Buch übereinstimmen, aber Sie werden erforschen und feststellen wollen, inwieweit es für Sie zutrifft. So können diese »100 Geheimnisse« Menschen in den schlimmsten Situationen helfen; sie unterstützen Sie auch darin, schwierige Lektionen zu entschärfen und ihren negativen, schmerzhaften Einfluss auf Ihr Leben zu unterbinden. Sinn und Zweck dieses Buches ist es also, Ihnen Mittel und Wege zur Selbsthilfe für sich und Ihre Freunde an die Hand zu geben. Damit verwandeln Sie Ihr Leben in einen fröhlichen Tanz aus Lernen und Liebe. Ich wünsche Ihnen für Ihren Lebensweg alles Gute.

1. Wandel

Wandlung fällt uns leicht, wenn wir sie wirklich wollen. Erst Loslassen und Vertrauen schaffen Raum für den nächsten Schritt. Wandlung ereignet sich mühelos und natürlich, wenn die Angst in ihre Schranken gewiesen wird.

Wandel ist entscheidend, wenn sich unser Leben zum Besseren wenden soll. Ohne ihn kann es nicht schöner werden, denn wir erhalten keinen Zugang zu einer lichtvolleren, unsere Entwicklung fördernden Zukunft. Wenn wir weiterhin denken, fühlen und handeln wie bisher, dann bleibt es so, wie es immer war. Wenn wir uns lediglich in der Fantasie mit der Frage beschäftigen, wie wir unser Leben verbessern können, verändert sich ebenso wenig zum Besseren. Gefragt sind Motivation und eine Entscheidung für den Wandel, die immer dann erneuert werden müssen, wenn Widerstand oder Versuchung aufkommen. Sobald sich Schwierigkeiten oder Widerstände zeigen, sind Hingabe und Festhalten an der einmal eingeschlagenen Richtung erforderlich, um zu Wahrheit und Erfolg zu gelangen. Wandlung fällt uns leicht, wenn wir sie wirklich wollen. Immer müssen wir bei uns selbst beginnen – selbst wenn wir wollen, dass sich die Situation oder unsere Mitmenschen verändern. Es beginnt immer mit unserer eigenen Bereitschaft: Sie ist es, die uns hilft, die größten Hindernisse zu überwinden. Wenn es in unserem Umfeld über einen langen Zeitraum hinweg keine Veränderungen gibt, dann bedeutet dies, dass wir uns vor dem Wandel fürchten, auch wenn wir uns dies nicht eingestehen wollen oder können.

Allein die Befreiung von Anhaftungen ermöglicht echte Wandlung. Es spielt keine Rolle, ob es sich um positives Anhaften, das im Gewand der Liebe daherkommt, handelt, oder um negatives Anhaften, etwa an Groll. Beides legt uns gleichermaßen Fesseln an. Erst Loslassen und Vertrauen schaffen Raum für den nächsten Schritt. Offenheit und vollständige Hingabe heben uns auf die nächsthöhere Stufe positiver Veränderung. Wandlung ereignet sich mühelos und natürlich, wenn die Angst in ihre Schranken gewiesen wird. Und Vergebung veranlasst uns, die Dinge anders zu sehen und Veränderung herbeizuführen. Wandel ist ein Segen für uns, denn er hilft uns, voranzukommen und unser Leben zu verbessern.

Übung

Wünschen Sie sich den Wandel mit ganzem Herzen und Verstand. Machen Sie sich jedes Mal, wenn Sie an Ihre gegenwärtige Situation denken, klar, dass es einen besseren Weg gibt, und streben Sie eine entsprechende Veränderung an. Machen Sie sich bewusst, dass Sie sich für Segen spendende Wandlung entscheiden, wenn Sie Ihr Leben voranbringen. Je stärker Sie die Veränderung wünschen, desto rascher wird sie sich ereignen. Wenn Sie sich von positiven wie negativen Anhaftungen frei machen, wird etwas viel Besseres zu Ihnen kommen.

2. Vergebung

Was wir anderen vergeben,
vergeben wir auch uns selbst.
Vergebung bedeutet Gnade, Wandlung
und Erfüllung für alle Beteiligten.
Indem wir einem Mitmenschen vergeben,
vergeben wir auch uns selbst für
Überschreitungen, die wir vermeintlich
begangen haben.

Vergebung ist das Fundament und das Herz jeglicher Heilung. Wo wir Groll hegen und verurteilen, da herrscht das Gegenteil von Vergebung. Wir haben uns entweder in uns zurückgezogen oder aber wir kritisieren uns beziehungsweise unsere Mitmenschen auf aggressive Weise. Damit blockieren wir unsere Fähigkeit, zu empfangen und zu geben. Groll und nachtragende Gefühle sind der Kern von Fehlwahrnehmung und Schmerz. Vergebung hingegen erneuert zwischenmenschlichen Kontakt, Bindung und Verständnis und ermöglicht so Leichtigkeit, Frieden und Erfüllung. Was wir anderen vergeben, vergeben wir auch uns selbst. So transformieren wir auch unsere Wahrnehmung bestimmter Ereignisse. Dies wiederum befreit uns von versteckten Schuldgefühlen, von Angriffen auf uns selbst und damit auch von der Verurteilung und Bestrafung unserer Mitmenschen. Vergebung bedeutet Gnade, Wandlung und Erfüllung für alle Beteiligten. Sie macht reinen Tisch und ermöglicht uns und dem Menschen, dem wir vergeben, weit reichenden Wandel. Vergebung heilt Muster, insbesondere im Hinblick auf Opferrollenverhalten, und bringt Frieden und Freude mit sich. Indem wir einem Mitmenschen vergeben, vergeben wir auch uns selbst für Überschreitungen, die wir vermeintlich begangen haben. Indem wir einen anderen als unschuldig erkennen, begreifen wir auch uns selbst als unschuldig. Indem wir dem anderen keine Vorhaltungen machen, verzichten wir auch auf Vorwürfe gegen uns selbst. Diese Dynamik ist es, die uns befreit.

Übung

Sehen Sie einen Menschen vor sich stehen, den Sie lieben. Blicken Sie über alles hinweg, was Sie vor sich sehen und achten Sie nur auf das Licht der Liebe tief in diesem Menschen. Stellen Sie sich vor, wie sich Ihr inneres Licht mit dem dieses Menschen vereinigt. Sehen Sie auf die gleiche Weise einen Menschen vor sich stehen, an dem Sie etwas auszusetzen haben. Blicken Sie über seinen Körper, seine Persönlichkeit, seine Fehler und alles Übrige hinweg, bis Sie das Licht tief in seinem Inneren erkennen. Stellen Sie sich vor, dass die Verbindung aus Ihrem Licht und dem des geliebten Menschen mit jenem des verurteilten Menschen verschmilzt.

3. Verbundenheit

Verbundenheit ist das Heilungsgeschenk, welches uns erlaubt, einander so nahe zu kommen, bis sich Geist mit Geist und Herz mit Herz verbinden und sich aller Schmerz und alle Probleme auflösen. Verbundenheit schafft frische Anfänge, eine neue Ebene der Partnerschaft und vielleicht sogar einen neuen Frühling in einer Beziehung.

Negative Gefühle, die in der Angst vor Trennung ihren Ursprung haben, sind der Kern aller Schwierigkeiten. Verbundenheit ist das Heilungsgeschenk, welches uns erlaubt, einander so nahe zu kommen, bis sich Geist mit Geist und Herz mit Herz verbinden und sich aller Schmerz und alle Probleme auflösen. Es ist nicht erforderlich, sich ein Gefühl des Verbundenseins mit einem anderen Menschen vorzunehmen. Indem wir unsere Widerstände und Schmerzen überwinden, ergeben sich die dazu notwendigen Antworten und Gelegenheiten ganz von selbst. Für gewöhnlich entstehen dabei gute Gefühle, doch schon bald treten tiefere Problemschichten zutage. Die dort gespeicherten unliebsamen Gefühle bedürfen der Heilung. Es ist falsch, zusätzlichen Schmerz und vermehrte Negativität als Hinweis auf den mangelnden Erfolg eines Heilungsprozesses zu begreifen. Wenn wir uns Bewusstheit bewahren, erkennen wir, dass wir dennoch weiter und tiefer gegangen sind. Wenn Verbundenheit bei einem beliebigen Problem unser vorrangiges Ziel ist, dann kann jeglicher Schmerz geheilt werden. Indem wir beim Zutagetreten jeder weiteren Schicht des Problems unser Miteinander-Verbundensein vor Augen behalten, lösen sich die Schwierigkeiten nach und nach auf, und Freude erfüllt uns. So erinnern wir uns an all das, was wir am anderen zu schätzen wissen und liebenswert finden. Verbundenheit schafft frische Anfänge, eine neue Ebene der Partnerschaft und vielleicht sogar einen neuen Frühling in einer Beziehung. Auch wenn solche Phasen der Belohnung vielleicht nicht lange anhalten, bringen sie doch wichtige Durchbrüche und lassen uns, weil wir Nähe und Zusammenarbeit in neuer Qualität erleben, auf weitere Veränderung und umfassenden Wandel hoffen.

Übung

Denken Sie an einen Menschen, dem Sie sich sehr nahe fühlen, und stellen Sie sich vor, dass er Ihnen im Raum gegenübersteht. Sogar zwischen den Menschen, die Ihnen am vertrautesten sind, und Ihnen selbst stehen Angst, Verurteilung und Groll aus der Vergangenheit. Stellen Sie sich vor, wie Sie sich selbst klarmachen, was aus Vergangenheit oder Gegenwart Sie am meisten an diesem Menschen ablehnen. Dann lassen Sie diese Gefühle bereitwillig los und machen Sie einen Schritt auf den Menschen zu. Jetzt wenden Sie sich der nachfolgenden Schicht aus Widerstand und schlechten Gefühlen zu. Wieder entlassen Sie sie und kommen diesem Menschen erneut einen Schritt näher, so lange, bis Sie ihn schließlich in die Arme schließen und sich mit ihm verbinden können.

Wiederholen Sie diese Übung mit einem Menschen, der Ihnen Schwierigkeiten bereitet.

4. *Liebe*

Da wir die Geschöpfe des
universellen Geistes der Liebe sind,
sind wir im Kern gleichfalls Liebe.
Je mehr wir uns entwickeln,
desto deutlicher wird uns,
dass unsere Wahrheit die Liebe ist,
dass wir eine Erweiterung der Liebe
selbst sind.

Liebe, die ihren Ursprung im Frieden hat, ist der Kern aller positiven Gefühle und die Äußerung des universellen Geistes in allen Dingen. Sie steht im Zentrum all dessen, was heilt, und macht das Leben erst lebenswert. Liebe hat ihren Ursprung im Geben, Empfangen und in der Hinwendung zu anderen Menschen. Liebe erzeugt Freude, Glück und erfüllt das Leben mit Sinn. Sie nährt, rettet, erlöst, gewährt und vereint. Liebe sorgt dafür, dass Sie sich selbst und andere besser verstehen, und segnet alles, womit sie in Berührung kommt. Sie erzeugt Wachstum und Erfolg. Nur wenn wir unsere Bedürfnisse als Liebe tarnen, unser Nehmen als Geben oder unser Opfer als späteren Gewinn, bleibt die segensreiche Wirkung aus. Da wir die Geschöpfe des universellen Geistes der Liebe sind, sind wir im Kern gleichfalls Liebe. Je mehr wir uns entwickeln, desto deutlicher wird uns, dass unsere Wahrheit die Liebe ist, dass wir eine Erweiterung der Liebe selbst sind. Liebe ist die Antwort auf jede Frage, auf jede beliebige Situation. Wenn wir uns aus Freude am Geben schenken, dann öffnen wir uns der Großzügigkeit der Liebe. Liebe verlangt nichts und stellt keine Bedingungen. Liebe verzagt nicht und kann, anders als Träume und Illusionen, nicht zerstört werden.

Übung

Liebe ist Ihre Antwort. Lieben Sie so, als sei es das letzte Mal. Verschenken Sie sich so, als sei Ihr letzter Tag auf Erden angebrochen. Seien Sie glücklich und fühlen Sie sich durch die Fülle der Liebe gesegnet.

5. *Bindung*

Dieses Heilgeschenk ist das
Bindegewebe des Lebens.
Probleme sind wie ein Ort,
an denen Bindung fehlt,
jedoch hergestellt werden kann.
Wo Bindung ist, da ist Verbundenheit
als wichtigstes Element von Glück
und Heilung immer gegenwärtig.

Dieses Heilgeschenk ist das Bindegewebe des Lebens. Es verleiht der Liebe und dem Erfolg eine charakteristische Leichtigkeit und löst alle Fesseln. Bindung macht Leistung mühelos, erzeugt Fluss und Anmut und ist das Herz eines sorglosen Lebens. Sie beendet Besorgnis, Zeitverschwendung und unsinniges Handeln. Probleme sind wie ein Ort, an denen Bindung fehlt, jedoch hergestellt werden kann. Wo Bindung verloren ist, da bildet und verfestigt sich ein verfehltes Selbstbild. Dieses wiederum erzeugt untaugliche Erklärungssysteme für alles, was wir im Beruf und Alltag erleben und von dem wir glauben, dass es uns glücklich mache. Doch allein Bindung bewirkt wirkliches Glück. Ein verfehltes Selbstbild stärkt allein das Ego und zementiert Trennung. Wo Bindung endet, da nimmt Rollenspiel seinen Anfang. Rollen sind wie für die Dauer des Lebens ergriffene, auf Opferbereitschaft und Fruchtlosigkeit errichtete Berufe. Sie bewirken Kompensation, Bedrückung, Verausgabung, die Vortäuschung von Liebe, in deren Namen gegeben wird, um später umso mehr zu nehmen und die Unfähigkeit zu empfangen.

Bindung ist im Wesentlichen die Liebe, die sich freudig und leicht bindet und zu Gleichgewicht, Kontakt und Zusammenarbeit führt. Bindung erzeugt Zusammenhalt, das Schlüsselelement von Heilung und Erfolg in Beziehungen und Gruppen. Wo Bindung ist, da ist Verbundenheit als wichtigstes Element von Glück und Heilung immer gegenwärtig. Wenn neu entstandene Brüche der Heilung bedürfen, dann gehören Kommunikation, Geben und Vergebung zu den Maßnahmen, die der Wiederherstellung von Bindung dienen. Bindung ist die Partnerschaft und Freundschaft in einer Gruppe, die gute Gelegenheiten, Erfolg, Vertrautheit und Freude schafft.

Übung

Stellen Sie sich vor, wie sich das Licht in Ihnen mit dem Licht der Menschen verbindet, mit denen Sie sich zusammentun möchten. Diese Vorstellung ist als Mittel wirkungsvoll, um Bindung wiederherzustellen, die durch Trennung oder Missverständnisse zerstört wurde. Erzeugen Sie so lange verbindende Lichtlinien zwischen sich und all den von einer solchen Situation betroffenen Menschen, bis Sie Frieden finden.

6. Groll aufgeben

Indem wir darauf verzichten,
unseren Groll gegen andere Menschen
zu wenden, erlösen wir uns auch
von den Angriffen, die wir gegen
uns selbst richten.
Damit gelangen wir auf eine
neue Ebene der Erfolgsmöglichkeit,
der Zuversicht und der Bereitschaft,
Gutes zu empfangen.

Sobald wir ein zwischenmenschliches Problem haben, hegen wir Groll gegen einen Mitmenschen. Groll erzeugt weitere Schwierigkeiten und Missverständnisse. Unsere Bereitschaft, Groll aufzugeben, befreit also nicht nur andere Menschen von unserem Unmut, sondern auch uns selbst von Problemen. Ein Problem ist der anklagende Zeigefinger, der auf den anderen weist und sagt: »Du hast mich verletzt, mich verraten, mich nicht genug geliebt oder nicht ausreichend für mich gesorgt.« Groll entsteht, wenn wir meinen, dass ein anderer uns irgendwie zum Opfer gemacht hat. Durch eine solche Haltung leugnen wir unsere Verantwortung und die geheimen Absprachen, mit der unsere Gedanken, Gefühle, Verhaltensmuster und Entscheidungen das Entstehen der unersprießlichen Situation gefördert haben. Groll deckt also unsere Schuld ausgerechnet an der Situation zu, die wir dem anderen anlasten. Indem wir unseren Groll aufgeben, kehren wir nicht nur zu einer Ebene der Verantwortlichkeit zurück, sondern wir befreien uns auch von dem inneren Gefühl der Schuld, indem wir die äußeren Fehler korrigieren. Indem wir darauf verzichten, unseren Groll gegen andere Menschen zu wenden, erlösen wir uns auch von den Angriffen, die wir gegen uns selbst richten. Damit gelangen wir auf eine neue Ebene der Erfolgsmöglichkeit, der Zuversicht und der Bereitschaft, Gutes zu empfangen.

Übung

Denken Sie an ein Problem, das Sie quält. Fragen Sie sich: Gegen wen richtet sich mein Groll, der somit meine Schwierigkeiten erzeugt? Stellen Sie sich nun vor, wie Sie Ihren Groll gegen sich und gegen den anderen Menschen loslassen und sich selbst und dem anderen den Freiraum gewähren, der erforderlich ist, um weiter voranzukommen und frei zu sein.

7. *Geben*

Je mehr wir geben,
umso glücklicher sind wir
und umso mehr Freude
kommt in unser Leben zurück.
Geben ist der
sprichwörtliche Jungbrunnen,
der uns jung und lebendig
erhält.

Geben ist eine Form der Liebe, die uns mit Freude erfüllt. Je mehr wir geben, umso glücklicher sind wir und umso mehr Freude kommt in unser Leben zurück. Geben ist der sprichwörtliche Jungbrunnen, der uns jung und lebendig erhält. Wenn wir geben, dann öffnen wir uns für das Gefühl, werden empfänglich und können uns an dem freuen, was uns geschenkt wird. Ununterbrochen und auf zahlreichen Ebenen werden uns wunderbare Geschenke zuteil, doch wenn wir nicht selbst geben, dann können wir diese Geschenke weder erkennen noch empfangen. Geben erzeugt in uns ein Bewusstsein für das, was uns dargebracht wird.

Geben setzt Energie in uns frei. Es ist nicht nur ein Mittel, um einen anderen Menschen zu beschenken, es transportiert auch einen Wert, der zu uns zurückkehrt. Wenn es Probleme gibt oder das Vorankommen blockiert ist, setzt Geben den Fluss neuerlich in Gang. Zu Problemen kann es also nur kommen, wenn wir uns in irgendeinem Bereich weigern zu geben. Geben ist paradox: Oberflächlich betrachtet scheint es so, als verlören wir etwas. Doch tatsächlich bewirkt Geben Vermehrung, nicht nur, indem es empfänglich macht und Fließen stimuliert, sondern auch, indem es die Vorstellung von Fülle und gesteigerter Kraft bestätigt. Wen Geben erschöpft, der gibt nicht, sondern opfert. Wer sich durch andere verletzt fühlt, gibt, um zu nehmen. Geben ist beglückend und bereichert unser Leben um Sinn und Wert und ist damit eines der großen Heilmittel des Lebens.

Übung

- Wem sind Sie aufgerufen zu geben?
- Was sind Sie aufgefordert, ihm/ihr/ihnen zu geben?
- Tun Sie es jetzt!
- Untersuchen Sie eines Ihrer Probleme. In welcher Hinsicht ziehen Sie sich in sich zurück oder weigern sich zu geben? Treffen Sie eine neue Wahl, und geben Sie sich selbst und das, wozu Sie aufgerufen werden.

8. Loslassen

Das Universum versucht immer,
uns klar zu machen, dass wir nichts
außerhalb unserer selbst brauchen.
Wenn wir etwas loslassen,
dann kommt es auf einer
höheren Ebene von sich aus
zu uns zurück, oder etwas
noch Wünschenswerteres
tritt an seine Stelle.

Loslassen befreit uns von Anhaftung, die nichts anderes als Bedürftigkeit und Klammern im Gewand der Liebe ist. Wer anhaftet, versucht zu nehmen. Wer loslässt, verzichtet darauf, einen anderen Menschen zur Geisel seiner Bedürfnisse zu machen. Aller Schmerz hat seine Ursache in der einen oder anderen Form von Anhaftung. Loslassen hingegen stellt unser Gleichgewicht und unsere Attraktivität wieder her. Festhalten ist eine der Ego-Fallen im Leben, die für Schmerz und Enttäuschung sorgen. Jedem Problem liegt die eine oder andere Form von Klammern zugrunde. Indem wir loslassen, was wir festhalten, kommt das Leben neu in Fluss, und es geht voran. Festhalten ist eine Form des Nehmens, mit der die eigenen Bedürfnisse befriedigt werden sollen, und als solches auf eigentümliche Weise unattraktiv. Je mehr wir festhalten, desto mehr verlieren wir. Das, woran wir uns festklammern, ist immer eine Illusion. Folglich ist die Konfrontation mit der Desillusionierung nur eine Frage der Zeit. Im gleichen Maß, in dem wir uns auf eine Beziehung versteifen, schwindet für den Partner unsere Attraktivität, und er beginnt, sich von uns zu distanzieren. Das Universum versucht immer, uns klar zu machen, dass wir nichts außerhalb unserer selbst brauchen. Es tut dies, indem es unsere Pläne durchkreuzt. Sobald wir aufhören, uns an etwas festzuhalten, und loslassen, können wir alles haben, was wir wollen.

Loslassen ist deshalb paradox. Wenn wir etwas loslassen, dann kommt es auf einer höheren Ebene von sich aus zu uns zurück, oder etwas noch Wünschenswerteres tritt an seine Stelle. Festhalten führt immer zu Enttäuschung oder Frustration und bringt Unglück mit sich. Selbst wenn es uns gelingt, das in Besitz zu nehmen, woran wir uns festklammern, das Gefühl von Befriedigung bleibt doch aus, weil uns unsere Bedürfnisse zwar dazu befähigen, zu nehmen, nicht aber zu empfangen. Loslassen ermöglicht Empfangen und neue Freude. Indem wir den Mut aufbringen, mit leeren, offenen Händen dazustehen, erneuern wir unsere Attraktivität. Wenn wir erkennen, wie sehr die Natur Leere verabscheut, und dass leere Hände schon bald gefüllt werden, dann gewinnen wir jenes Vertrauen, das die Voraussetzung für Loslassen ist.

Übung

Festhalten ist der Versuch, schmerzhafte Gefühle zu vermeiden oder jemanden beziehungsweise etwas für uns zu behalten. Wenn Sie bereit sind, sich diesen schmerzhaften Gefühlen zu stellen, und sie sogar auf die Spitze treiben, dann lösen sie sich rascher auf. Wenn Sie bereit sind, etwas oder jemanden gehen zu lassen, dann kann etwas Besseres seinen Platz einnehmen.

- Machen Sie sich eines klar: Woran auch immer Sie sich festklammern – es behindert Sie in Ihrem Vorwärtskommen, denn Sie haben Angst vor dem nächsten Schritt. Sich dem nächsten Schritt zu stellen, bringt automatisch Loslassen und eine vollkommen neue Ebene Ihres Lebens mit sich.
- Damit Ihnen das Loslassen leichter fällt, geben Sie das Festgehaltene in die Hände Ihres höheren Geistes.

9. Empfangen

Im unauflösbaren Zyklus
von Geben und Empfangen
ist Empfangen der weibliche
Aspekt des Gebens.
Wenn wir empfangen,
dann geben wir auf einer
vollkommen neuen Ebene.

Wenn wir nicht empfangen können, fehlt uns die Fähigkeit, zu fühlen oder Freude zu empfinden. Im unauflösbaren Zyklus von Geben und Empfangen ist Empfangen der weibliche Aspekt des Gebens. Wenn wir empfangen, dann geben wir auf einer vollkommen neuen Ebene. Wenn wir geben, dann empfangen wir automatisch, weil Geben uns öffnet. Empfangen setzt Mut voraus, denn wir müssen uns öffnen und unsere Schutzlosigkeit akzeptieren. Wenn wir damit beginnen, die guten Dinge in unserem Leben willkommen zu heißen, fühlen wir indessen zunächst ihr genaues Gegenteil: Wir empfinden den Schmerz, der jetzt aus unserem Inneren an die Oberfläche gebracht wird. Aus diesem Grund assoziieren viele Menschen Empfangen mit Schmerz und verschließen sich von nun an dieser Erfahrung. Doch wenn wir uns ihr bewusst stellen, bietet sie die Gelegenheit, das zu heilen, was unsere Empfänglichkeit an die Oberfläche gespült hat. Die meisten Menschen tun sich mit ihrer Empfänglichkeit äußerst schwer, da die damit einhergehende Verletzbarkeit geradezu furchterregend sein kann. Wir lernen also Empfangen als Bestandteil des Zyklus von Geben und Empfangen kennen. Wenn wir geben, aber nicht empfangen können, fühlen wir uns durch dieses Opfer bald erschöpft. Später, wenn unsere Bewusstheit wächst und wir Wettkampf durch Partnerschaft ersetzen, empfangen wir leichter und lassen uns dadurch leiten. Nachdem wir einen höheren Bewusstseinszustand erreicht haben, wird unser Geist in zunehmendem Maß weiblich, das heißt empfänglich. Von diesem Zeitpunkt an kommen wir mehr durch Führung und Gnade voran als durch unser eigenes Zutun.

Übung

Wenn der Empfängliche bereit ist, erscheint der Gebende. Stellen Sie sich heute vor, dass Sie sich allen Geschenken von Himmel und Erde öffnen. Heute und alle Tage sehnt sich vieles danach, sich Ihnen zu geben.

10. *Gnade*

Gnade macht alles leicht,
einfach und weich.
Sie gestattet uns, so zu leben,
dass wir die Fülle eines
sorgenfreien Lebens spüren.
Gnade ist das Fahrzeug,
das den Himmel auf die Erde holt,
unser Leben mit Sinn erfüllt
und uns jede Aufgabe
leicht macht.

Gnade ist ein energetisches Geschenk Gottes, ein Symbol seiner Liebe für uns. Gnade macht alles leicht, einfach und weich. Sie gestattet uns, so zu leben, dass wir die Fülle eines sorgenfreien Lebens spüren. Gnade lässt uns in Gottes Schoß ruhen. Nicht wir schaffen oder erschaffen etwas, sondern alles wird *durch* uns, alles wird mit Gnade geschaffen. Nur wenn wir versuchen, die Dinge aus eigener Kraft zu tun, überfordern wir uns, werden befangen und ängstlich. Dann, wenn wir uns selbst überlassen bleiben, verstricken wir uns in Schwierigkeiten, Analyse, Not, Mangel und in Problemen. Gnade dagegen gestattet uns, alles wie durch eine höhere Macht zu erreichen. Wenn wir in einer bestimmten chronischen Situation um Gnade bitten, beseitigen wir vielleicht eine Schicht des Problems und sorgen zunächst für Erleichterung. Dann jedoch kann die Situation sogar noch schlimmer werden, weil wir, indem wir uns einen Schritt vorwärts gewagt haben, auch tiefer eingedrungen sind. Folglich müssen wir uns bewusst machen, dass Gnade unserem Wunsch gemäß zu uns gekommen ist. Wir machen vorsichtig einen Schritt nach dem anderen, weil wir in der Regel Angst davor haben, übergangslos auf eine neue Ebene der Veränderung zu springen. Um leichter voranzukommen, muss man nur bei jedem Schritt erneut um Gnade bitten. Selbst bei chronischen Problemen kann Heilung rasch erfolgen, wenn wir um Gnade bitten und ihr Zugang zu uns gewähren. Gnade ist das Fahrzeug, das den Himmel auf die Erde holt, unser Leben mit Sinn erfüllt und uns jede Aufgabe leicht macht.

Übung

Bitten Sie heute darum, dass alles für Sie und durch Sie durch Gnade geschieht. In dem Maß, in dem Sie sich spirituell mit ihrer höheren Macht verbinden, werden Sie sich auch mit den Menschen in Ihrem Umfeld verbinden. Stellen Sie den heutigen Tag unter den Stern der Liebe Gottes, die Ihnen jeden Weg leicht macht. Seien Sie heute ein geliebter Mensch!

11. Führungskunst

Ein Mensch beweist Führungskunst,
wenn er seine Fähigkeiten und
Talente bereitwillig zum Wohl
aller einsetzt, sie unterstützt
und in der Freisetzung ihrer Potenziale
unterweist. Führungspersönlichkeiten
sind Menschen mit einer Vision,
ausgestattet mit einer
unwiderstehlichen Integrität.

Führungspersönlichkeiten übernehmen Verantwortung für eine Gruppe, bringen sie voran, indem sie Hilferufe erhören, und steuern die Erledigung der anfallenden Aufgaben. Sie nehmen ihren natürlichen Platz in der Mitte der Gruppe ein, damit für alle Beteiligten alles glatter geht. Bereitwillig treten sie zum Wohl der Gruppe und des Einzelnen ins Rampenlicht. Führungspersönlichkeiten sind Menschen mit einer Vision, ausgestattet mit einer unwiderstehlichen Integrität. Sie beherrschen die Kunst des Empfangens und sind bereit, sich mit einer ganzen Gruppe partnerschaftlich auf das Prinzip des Gebens und Empfangens einzulassen. Sie sind fähig, die Interessen innerhalb einer Gruppe zu bündeln und auf ein gemeinsames Ziel auszurichten. Indem Führungspersönlichkeiten andere unterstützen, erlangen sie deren Unterstützung. Sie gewinnen die Ergebenheit ihrer Mitmenschen, weil sie sich für sie verwenden. Ein Mensch beweist Führungskunst, wenn er seine Fähigkeiten und Talente bereitwillig zum Wohl aller einsetzt, sie unterstützt und in der Freisetzung ihrer Potenziale unterweist. Führungskunst fördert den energetischen Fluss in einer Gemeinschaft und ihr gesamtes Glück und sie öffnet den Geist aller für Intuition und Innovation.

Führungskunst hebt uns über Gehemmtheit, Verlegenheit und quälende Selbsterniedrigung hinaus, indem sie unsere Aufmerksamkeit auf das richtet, was in individueller Hinsicht oder im Hinblick auf die Gemeinschaft Vorrang hat.

Übung

Fragen Sie sich heute: Wer braucht meine Hilfe? Lassen Sie diesem oder diesen Menschen heute die Hilfe zuteil werden, die er oder sie brauchen.

Beschäftigen Sie sich mit einem Ihrer Probleme. Setzen Sie sich damit auseinander, wie Sie es im Geiste wieder und wieder analysiert haben. Fragen Sie sich, wer jetzt Ihre Hilfe braucht. Ihr Ego hat versucht, Sie davon abzubringen, diesem Menschen zu helfen, indem es Ihre Aufmerksamkeit für Ihr Problem einforderte. Gehen Sie heute bewusst über Ihr eigenes Problem hinaus, indem Sie die hilfsbedürftige Person aufsuchen, anrufen, ihr schreiben oder sich auf andere Art mit ihr in Verbindung setzen. Weil Sie Ihr Problem als Ablenkung von einer erforderlichen Hilfeleistung erkannt haben, wird es sich zumindest teilweise auflösen.

In welcher Situation sind Sie aufgerufen, hervorzutreten, eine zentrale Position zum Wohle aller einzunehmen und mit zu bewirken, dass jeder andere hervortreten kann?

12. *Nach innen lauschen*

Sobald wir bereit sind,
Antworten zu empfangen,
kommen sie in friedlichen,
konzentrierten Augenblicken
ruhiger Gewissheit oder
als Geistesblitze zu uns.
Unser höherer Geist verfügt
über die Antworten auf Probleme,
Zwangslagen und Verschwörungen,
die unser Ego gegen uns
selbst anzettelt.

Wir tragen in uns die Lösung all unserer Probleme. Wie lange es dauert, bis wir diese bereits vorhandenen Lösungen finden, hängt davon ab, wann wir beginnen, uns zuzuhören. Mitunter fehlt uns die Zuversicht, um den Antworten Gehör zu schenken, weil wir meinen, für die nächste Ebene des Erfolgs noch nicht bereit zu sein. Manchmal räumen wir aber auch anderen Dingen Vorrang ein und stellen das Finden bzw. Verwirklichen der richtigen Lösungen und unser Vorankommen hinter sie zurück. Die Angst vor Veränderung, vor dem nächsten Schritt, einem möglichen Verlust, vor Erfolg oder dem Verzicht auf einen bestimmten Genuss, an dem wir uns festklammern, kann im Vordergrund stehen. Sobald wir bereit sind, Antworten zu empfangen, kommen sie in friedlichen, konzentrierten Augenblicken ruhiger Gewissheit oder als Geistesblitze zu uns. Unser höherer Geist verfügt über die Antworten auf Probleme, Zwangslangen und Verschwörungen, die unser Ego gegen uns selbst anzettelt. Indem wir nach innen lauschen, werden wir von Antworten inspiriert, die uns aus unserer Gefangenschaft entlassen.

Je mehr wir uns eine Antwort wünschen und je mehr wir uns nach einer neuen Erfolgsebene sehnen, desto leichter können wir unseren gespaltenen Geist und unsere heimlichen Strategien überwinden und den Weg erkennen, der uns voranbringt.

Übung

Suchen Sie sich einen stillen Platz. Gehen oder meditieren Sie schweigend. Erbitten Sie die Lösung Ihres Problems. Streben Sie sie mit der ganzen Kraft Ihres Herzen an. Bitten Sie den Himmel um Hilfe. Machen Sie sich klar, dass Hilfe so schnell zu Ihnen kommt, wie Sie es sich in Ihrem Herzen wünschen. Öffnen Sie Ihren Geist. Entspannen Sie sich. Seien Sie zuversichtlich und erwartungsvoll.

13. Hilferufe erhören

Am besten lassen sich schlimme Gefühle und Schwierigkeiten überwinden, indem wir uns klar machen, dass sie lediglich ein Ego-Trip sind, um uns vor der Erkenntnis zu bewahren, dass jemand unsere Hilfe benötigt. Blockaden, Leiden, Komplikationen und Schwierigkeiten dienen uns als Gelegenheiten, um die Bedürfnisse unserer Mitmenschen zu erfüllen.

Auf einer bestimmten Ebene ist jedes Problem eine Ego-Falle, der Versuch unseres Ich, uns von den Hilferufen unserer Mitmenschen abzulenken. Dies gilt auch für unsere Angriffe auf uns selbst, für unsere Obsessionen und Konflikte. Am besten lassen sich schlimme Gefühle und Schwierigkeiten überwinden, indem wir uns klar machen, dass sie lediglich ein Ego-Trip sind, um uns vor der Erkenntnis zu bewahren, dass jemand unsere Hilfe benötigt. Wenn wir uns über das Problem, den von uns gegen uns selbst gerichteten Angriff oder den Schmerz hinwegsetzen, um dem anderen zu helfen, dann ist beiden geholfen, und mit uns geht es voran. Sobald wir erkennen, dass sich ein uns nahe stehender Mensch in noch größerer Not befindet als wir, fühlen wir uns motiviert, Hindernisse aus dem Weg zu räumen und dem Hilfebedürftigen unsere Hand zu reichen. Das Ego hasst es, wenn uns Verbundenheit mit einem anderen Menschen gelingt, denn mit jeder authentischen Verbindung schmilzt ein Teil von ihm dahin.

Wer negativ reagiert, steht meist unter dem Einfluss von Angst, Schmerz oder Bedürftigkeit. Indem wir lernen, auf die hinter der Negativität verborgenen Bedürfnisse zu reagieren, entwickeln wir neue Kräfte, die zur Auflösung einer solchen Situation beitragen. Blockaden, Leiden, Komplikationen und Schwierigkeiten dienen uns als Gelegenheiten, um die Bedürfnisse unserer Mitmenschen zu erfüllen. In einer solchen Situation erleben uns die Menschen in unserer Umgebung als wertvollen Freund und hilfreichen Verbündeten. Sogar wenn wir angegriffen werden, erkennen wir, dass der Angreifer uns auf indirekte Weise um Hilfe bittet. Wir fühlen uns zur Hilfeleistung aufgefordert und verzichten auf einen Gegenangriff. Wenn wir so auf unseren Angreifer reagieren, ihn zu schätzen wissen, einen Schritt auf ihn zu machen und uns mit ihm verbinden, dann gewinnen wir einen zuverlässigen Verbündeten, der uns bei zukünftigen Angriffen den Rücken freihält. Wir müssen mit einem Menschen, dem wir helfen oder mit dem wir uns verbinden, nicht zwangsläufig einer Meinung sein. Entscheidend ist, dass wir uns auf ihn zu bewegen, uns mit ihm verbinden und ihn unterstützen, damit sich Erfolg manifestieren kann.

Übung

Befassen Sie sich mit einem Problem, das Sie heute beschäftigt. Fragen Sie sich, wer Ihre Hilfe braucht. Stellen Sie sich vor, wie Sie Ihr Problem beiseiteschieben, um diesem Menschen zu helfen.

Blicken Sie sich um, und stellen Sie fest, wer heute negativ agiert. Was ist es, das dieser Mensch braucht? Wenden Sie sich ihm zu und erfüllen Sie sein Bedürfnis.

14. Wahrheit

Wahrheit ist eines der
großen Heilgeschenke.
Unsere Liebe zur Wahrheit
und unser Verlangen nach ihr
kann alles vorwärtsbringen
und aus dem Einflussbereich
der Schwierigkeiten,
Komplikationen und Täuschungen
schieben, die das Ego erzeugt,
um uns abzulenken und
zu bremsen.

Wahrheit führt Freiheit und Leichtigkeit herbei. Sie weist uns den Weg und bewahrt uns vor entmutigenden Desillusionierungen. Wahrheit schafft Klarheit und zeigt uns, was authentisch und wirklich ist und nicht einfach nur gut aussieht. Sie bereitet den Weg für wirkliche, qualitativ hoch stehende Zufriedenheit und das Wesen der geistigen Gesetze, statt nur für ihre äußere Form oder den Buchstaben des Gesetzes. Wahrheit ist eines der großen Heilgeschenke. Sie stellt rechte Beziehung, Gleichgewicht und Bindung wieder her. Die Wiederherstellung der Wahrheit kann ein Problem klären, indem es den Betrug und Selbstbetrug beendet, der Bestandteil jeden Problems ist. Unsere Liebe zur Wahrheit und unser Verlangen nach ihr kann alles vorwärts bringen und aus dem Einflussbereich der Schwierigkeiten, Komplikationen und Täuschungen schieben, die das Ego erzeugt, um uns abzulenken und zu bremsen. Der Wunsch nach Wahrheit bewirkt, dass wir unsere Fesseln abwerfen, unsere Verbohrtheit aufgeben und eine neue Ebene der Integrität und Empfänglichkeit erreichen. Der Wunsch nach Wahrheit erfüllt uns mit dem zuversichtlichen Wissen, dass wir auf ein solides Fundament bauen. Dies wiederum erleichtert uns die Suche nach Wahrheit und führt uns auf eine neue Ebene des Friedens. Wahrheit bewirkt die Bereitschaft zum Engagement und zur vollständigen Hingabe.

Übung

Verpflichten Sie sich in Ihrem Leben der Wahrheit. Wenn Sie ein Problem haben, dann bitten Sie darum, dass Ihnen die Wahrheit gezeigt werde. Wenn Sie den Wunsch hegen, dass die Wahrheit größer werden möge als Ihre Angst und Ihre aus der Illusion resultierenden Anhaftungen, dann wird sie sich Ihnen offenbaren. Suchen Sie nach Wahrheit, wenn sie das Glück in den Mittelpunkt Ihres Lebens stellen wollen.

15. Aus ganzem Herzen leben

Aus ganzem Herzen zu leben
ist eines der besten Mittel,
um die wahre Bedeutung
des Lebens zu erkennen.
Indem wir geben und das
Leben vollständig annehmen,
werden wir vom Leben
gleichfalls angenommen
und in seine Geheimnisse
eingeweiht.

Aus ganzem Herzen zu leben ist die Bereitschaft, sich vollständig hinzugeben und Mitmenschen durch Großherzigkeit zu inspirieren. Indem wir nichts weniger als uns selbst darbringen, können wir die negativen oder destruktiven Anteile unseres Geistes erlösen, sie integrieren und auf diese Weise Angelegenheiten zum Abschluss bringen, die sonst tief greifender Heilungsarbeit bedürften. Leidenschaftliche und rückhaltlose Hingabe stellt Persönlichkeitsanteile wieder her, die verloren waren und unseren bewussten Zielsetzungen im Wege standen, und öffnet uns für die Fülle und Freuden des Lebens. Allein durch den ernsthaften Wunsch, anderen Menschen Zugang zu uns zu gewähren, um gemeinsam jedes Problem anzupacken, gewinnen wir sie für inspirierende und beherzte Unternehmungen. Die ungeteilte Kraft unseres Herzens gestattet uns, das zurückzuerlangen, was durch Spaltung oder Abtrennung, durch inneren Rückzug und Urteile, die wir über uns selbst gefällt hatten, schon verloren schien. Mit derselben Kraft fügen wir auch die Bruchstücke unseres gebrochenen Herzens wieder zusammen. So steigern wir unsere Fähigkeit zu lieben, zu empfangen und uns zu erfreuen. Aus ganzem Herzen zu leben ist eines der besten Mittel, um die wahre Bedeutung des Lebens zu erkennen. Indem wir geben und das Leben vollständig annehmen, werden wir vom Leben gleichfalls angenommen und in seine Geheimnisse eingeweiht. Unser Herz erhält uns bei Kräften und macht uns glücklich. Indem wir ohne Einschränkung geben, erlangen wir Offenheit, Erfolg, Bindung, Zusammengehörigkeit und zusätzliche gute Möglichkeiten. Herzliches Geben ist für unsere Mitmenschen und für uns gleichermaßen eine Segnung. Ein heiles Herz gibt bedingungslos, empfängt mannigfaltig und bereitet den Weg für Vision und Kreativität.

Indem wir uns dem Leben und unseren Mitmenschen aus ganzem Herzen hingeben, eröffnen wir uns die Freuden eines leidenschaftlichen Lebens. Aus ganzem Herzen zu leben ist eine Form von Liebe.

Übung

Beantworten Sie intuitiv die folgende Frage: Wie oft leben, geben und empfangen Sie aus ganzem Herzen?

Wofür würden Sie sich jetzt entscheiden, wenn Sie die Wahl hätten?

Leiden Sie unter einem gebrochenen Herzen, oder haben Sie sich aufgrund einer Erfahrung in der Vergangenheit in sich zurückgezogen, dann machen Sie sich bewusst, dass Sie sich selbst betrügen, wenn Sie nur halbherzig geben. Bitten Sie den Himmel um Hilfe und treffen Sie eine neue Wahl. Eine schmerzhafte Vergangenheit ist nur eine vorgeschobene Entschuldigung dafür, dass wir uns nicht rückhaltlos hingeben. So betrügen wir uns selbst, denn dann gestatten wir einer schmerzhaften Vergangenheit, unser Leben zu bestimmen. Nur ein ganzes, heiles Herz kann uns die lebendige, glückliche Gegenwart bescheren, die wir verdienen, die negative Programmierungen aus der Vergangenheit heilt und sie durch Erfolg und Freude ersetzt.

16. Verständnis

Alle Probleme haben ihre Ursache
in irgendeinem Missverständnis,
während Verständnis das Fundament
darstellt, auf dem neue Beziehungen
aufgebaut werden können.
Alle negativen Gefühle verweisen
auf ein Verständnis, das sich
noch nicht entwickelt hat
und deshalb Trennung erzeugt.

Verständnis liefert den Schlüssel zur Beendung von Verurteilung und Trennung, die nichts als Missverständnisse bewirken. Wenn wir verstehen, was geschieht, dann verbinden wir uns auf natürliche Weise und empfinden uns erneut als liebenswert. Mit Verständnis wird Vergebung überflüssig, denn die mit Verständnis einhergehende Bindung erzeugt Zugehörigkeit, Verbundenheit und ein neues Gefühl der Angemessenheit. Verständnis löst Angst, Einsamkeit, Verlust- und Verlassenheitsgefühle auf. Alle Probleme haben ihre Ursache in irgendeinem Missverständnis, während Verständnis das Fundament darstellt, auf dem neue Beziehungen aufgebaut werden können. Alle negativen Gefühle verweisen auf ein Verständnis, das sich noch nicht entwickelt hat und deshalb Trennung erzeugt.

Verständnis ist keine intellektuelle Tat, denn was heilt, bedarf der Anerkennung durch die Liebe, die schon immer vorhanden, jedoch durch Groll und Verurteilungen verstellt war. Verständnis ist fähig, die Illusion zu vertreiben und mit ihr die Ängste, den Mangel und das irreleitende Begehren, auf denen sie beruht. Verständnis vermag schon lange bestehende Ego-Fallen und Verhaltensmuster zu heilen, die sich zu Ego-Verschwörungen gegen uns selbst ausgewachsen haben. Es entfernt die Wurzel des Missverständnisses und des Schmerzes und stellt die Bindung wieder her, deren Verlust sie hervorgebracht haben.

Verständnis ist die Erkenntnis, dass der gegenwärtige Schmerz auf einen gemachten Fehler oder auf eine Fehlwahrnehmung zurückzuführen ist. Das ist im Wesentlichen der Grund, warum jeder Schmerz geheilt, aufgelöst und transformiert werden kann, denn er basiert stets auf korrigierbaren Missverständnissen. Verständnis weiß, dass wir Verletzungen, die uns jemand zufügt, nicht persönlich nehmen dürfen, da sie aus dem Schmerz des anderen entstehen. Wenn wir ihm also nicht helfen, seinen Schmerz aufzulösen, wird dieser auf uns übergehen. Verständnis weiß, dass erfahrene Zurückweisung und Verlassenwerden ihre Wurzeln in uns selbst haben, dass wir uns alles, was ein anderer uns angetan hat, als eine Form des Selbstangriffs durch ihn uns selbst angetan haben, und dass jeder erfahrene Schmerz für eine falsche Wahl steht, die wir getroffen haben, um irgendetwas zu erreichen. Unsere Versuche, uns Dinge anzueignen, die uns nicht zustehen, können nie erfolgreich sein, doch unsere einmal getroffene falsche Wahl ist korrigierbar.

Übung

Fragen Sie sich in einer problematischen Situation, wo bzw. bei wem das Missverständnis vorliegt. Machen Sie sich klar, dass es vermutlich nicht nur mit der Problemperson, sondern unbewusst auch mit einem Ihnen selbst nahe stehenden Menschen zu tun hat. Typischerweise spiegelt sich darin auch ein Familienmitglied oder eine Situation aus Ihrer Kindheit wider. Machen Sie sich bewusst, welches Missverständnis sich im Hinblick auf jeden dieser Menschen eingeschlichen hat. Kehren Sie an den Punkt zurück, an dem sich das ursprüngliche Missverständnis und die Trennung ereignete. Fragen Sie sich, wie Sie empfinden würden, wenn Sie so wie dieser Mensch gehandelt hätten. Untersuchen Sie die damit in Zusammenhang stehenden Gefühle. Was hätten Sie gefühlt? Wie hätten Sie in der Folge gehandelt? Würden Sie der negativ handelnden Person die Schuld an Ihren Gefühlen geben? Würden Sie das, was diese Person getan hat, sich selbst vorwerfen? Wenn Sie diese Frage verneinen, dann sind Sie beide frei. Sobald Sie alles erforderliche Verständnis aufgebracht haben, sind Sie auf natürliche Weise mit der Person verbunden, mit der Sie es zu tun haben, denn Sie begreifen ihre Gefühle und Handlungen. Verständnis wirkt nicht bremsend, sondern erzeugt in Ihnen die Bereitschaft, voranzugehen.

17. Glücklichsein

Glücklichsein ist das Ziel
des Lebens und zugleich das Mittel,
um dieses Ziel zu erreichen.
Wenn wir uns entwickeln
und wachsen, erkennen wir,
dass wir uns aktiv dafür entscheiden
können, glücklich zu sein.
Glück ist das beste Geschenk,
das wir uns selbst, den Menschen,
die wir lieben, und der Welt
machen können.

Wir sind glücklich durch die Liebe und durch vollständige, kreative Hingabe. Glücklichsein ist das Ziel des Lebens und zugleich das Mittel, um dieses Ziel zu erreichen. Ein Glück, das nie vergeht, entsteht von innen her anstatt durch irgendeine andere Person, ein äußerliches Verhalten oder äußere Umstände. Wie die Liebe ist das Glück ein Spiegelbild der Zustände im Himmel. Wenn wir uns entwickeln und wachsen, erkennen wir, dass wir uns aktiv dafür entscheiden können, glücklich zu sein. Glück ist etwas, das wir zugleich geben und empfangen. Wenn wir unglücklich sind, dann können wir unser Glück durch alle Heilgeschenke wiederherstellen, die uns mit anderen Menschen verbinden und uns zugleich vollständiger machen. Die Welt schenkt uns Glück und nimmt es wieder fort, doch wenn wir der Welt Glück schenken, dann kann es nicht fortgenommen werden, es sei denn, wir wollen es. Alles, was uns Unglück verursacht, sind falsche Entscheidungen, die wir ironischerweise in dem Glauben getroffen haben, dass sie uns glücklich machen würden. Glücklichsein belebt uns und andere. Es macht uns gesund und heil, erneuert unseren Glauben an uns selbst, an andere, das Leben und an den Geist. Glück ist ein Seinszustand. Es ist das beste Geschenk, das wir uns selbst, den Menschen, die wir lieben, und der Welt machen können. Wenn wir uns glücklich schätzen, lassen wir Gott wissen, dass wir seine Geschenke empfangen und sie durch unser Glück dankbar an ihn zurückgeben.

Übung

Entscheiden Sie sich heute, glücklich zu sein. Verschreiben Sie sich dem Glück immer dann, wenn es Ihnen einfällt, mindestens aber einmal jede Stunde. Dann lassen Sie Ihre Mitmenschen an Ihrem Glück Anteil nehmen. Machen Sie Ihr Glück zu Ihrem Geschenk an das Leben. Ihr Glück ist eine Mitteilung an Ihre Eltern, Ihren Liebsten/Ihre Liebste, Ihre Kinder und Ihre Freunde und sagt ihnen, dass Sie sie lieben, sich von ihnen unterstützt und wiedergeliebt fühlen.

18. Kommunikation

Eine offene Kommunikation
stellt Kontakte her,
überbrückt Differenzen und
schafft eine gemeinsame Basis,
auf der eine Beziehung
entstehen kann.
Je bewusster wir werden,
umso mehr bemühen wir uns
um Verständigung.

Wer kommuniziert, baut Brücken und bewirkt Verbundenheit. Die meisten Konflikte lassen sich durch die Klarstellung, die neue Verständnisebene und die Akzeptanz ausräumen, die jede offene Kommunikation mit sich bringt. Was sich dadurch allerdings nicht ausräumen lässt, sind die chronischen Probleme, die erst im eingehenden Dialog bewältigt werden können. Verständigung bewirkt Verständnis, ja Vergebung und Verbundenheit auf einer höheren Ebene der Partnerschaft. Wer die Macht der Verständigung kennt, weiß, dass sie eines der spannendsten Abenteuer im Leben und in Beziehungen sein kann. Jeder wahre Meister ist zugleich auch Meister der Kommunikation. Dass sie funktioniert, darauf beruht jede erfolgreiche Beziehung. Eine offene Kommunikation stellt Kontakte her, überbrückt Differenzen und schafft eine gemeinsame Basis, auf der eine Beziehung entstehen kann. Sie gibt uns die Gelegenheit, einen anderen Menschen so gut kennen zu lernen, wie wir uns selbst kennen. Sie lässt uns Gemeinsamkeiten entdecken, die uns zusammenführen. Alles ist Kommunikation! Je bewusster wir werden, umso mehr bemühen wir uns um Verständigung, und desto deutlicher erkennen wir, dass viele unterschiedliche Verständigungsebenen gleichzeitig existieren. Jede davon ist geeignet, dem inneren Rückzug und den Angriffen gegen uns selbst ein Ende zu setzen, und gestattet es uns, unsere Gedanken, Gefühle und Wertvorstellungen erfolgreich mitzuteilen. Gott ist das Prinzip unbeschränkter Kommunikation, denn er teilt mit uns alles Existierende in einem kosmischen Tanz aus Liebe und Freude.

Übung

Untersuchen Sie Ihr Leben. Was verbergen Sie vor einem Menschen, mit dem gemeinsam Sie Brücken bauen könnten? Beginnen Sie jetzt. Setzen Sie sich ein positives Ziel und fangen Sie an! Verschreiben Sie sich Ihrem Ziel: der Verständigung und einer glücklichen Lösung des Konflikts.

Wer braucht gerade jetzt Ihre Unterstützung? Wie könnten Sie sich mit diesem Menschen verständigen, um ihm jetzt nützlich zu sein?

19. Hingabe

Das Maß unserer Hingabe bestimmt
über das Maß unseres Behagens
und der Wahrheit in unserem Leben.
Hingabe eröffnet zahlreiche neue
Möglichkeiten, macht schwierige Wege
begehbar und hebt zwischenmenschliche
Beziehungen auf eine neue, kostbare
Ebene. Hingabe ist eines der großen
Heilgeschenke, das uns zeigt, was wahr
ist, und damit unser Leben segnet.

Hingabe heißt, sich einer Sache ganz und gar zu widmen. Obgleich manchen Menschen das Eingehen von Verpflichtungen wie eine Gefangenschaft vorkommt, trägt es mit seiner Konzentration auf das eigentlich Wichtige und auf Authentizität paradoxerweise zu unserer Befreiung bei. Das Maß unserer Hingabe bestimmt über das Maß unseres Behagens und der Wahrheit in unserem Leben. Zum Beispiel wird sich jemand, auf den wir uns eingelassen haben, der aber für uns nicht richtig ist, schon etwa nach einer Woche zurückziehen, um Platz für den richtigen Partner zu schaffen, ohne dass dabei Schuldgefühle oder großer Kummer entstehen. Hingabe räumt mit abgestorbenen Bereichen im Privat- und Arbeitsleben auf. Sie hilft uns außerdem, Zeit zu sparen, denn sie löst nicht nur das gegenwärtige Problem, sie geleitet uns auf dem Weg zur nächsten Ebene auch zielgerichtet durch Hunderte von Heilprozessen und Lektionen. Hingabe macht den Weg frei für eine Partnerschaft auf einer höheren Ebene und vergrößert die Fähigkeit zu empfangen. Hingabe eröffnet zahlreiche neue Möglichkeiten, macht schwierige Wege begehbar und hebt zwischenmenschliche Beziehungen auf eine neue, kostbare Ebene. Doch solches Engagement ist keine einmalige Erfahrung; um Zeit zu sparen und in Arbeit, Beziehung und im Leben allgemein voranzukommen, müssen wir uns wieder und wieder neuen Aufgabenstellungen verschreiben. Hingabe ist eines der großen Heilgeschenke, das uns zeigt, was wahr ist, und damit unser Leben segnet.

Übung

Erneuern Sie heute Ihre Hingabe an Ihren Beruf. Falls Ihre Arbeit sich für Sie nicht richtig anfühlt, dann wird Ihre Hingabe dafür sorgen, dass Sie darin vorankommen oder aber darüber hinausgehen. Fühlen Sie sich in Ihrem Beruf gut aufgehoben, dann können Sie sich die Arbeit durch Hingabe erleichtern. Verpflichten Sie sich Ihrem Lebenszweck und profitieren Sie von dem einhergehenden Gefühl der Erfüllung. Legen Sie sich auf Ihren Beziehungspartner fest, damit Ihre Beziehung Fortschritte machen kann. Verschreiben Sie sich dem Himmel, der bewussten Einheit, und Sie werden einen großen Schritt voranmachen.

20. Vertrauen

Vertrauen hat nichts Naives.
Es leugnet nicht bestimmte
Gefühle oder Informationen,
die Leid verursachen könnten.
Es akzeptiert die Situation so,
wie sie ist, setzt jedoch die Kraft
des Geistes ein, in dem Wissen,
dass alles sich zum Guten
wenden wird.

Zu vertrauen heißt, sich der Kraft des Geistes auf zielgerichtete und gesammelte Weise zum Wohle des Guten zu bedienen. Die Kraft des Geistes muss investiert werden, und wenn es mit Vertrauen geschieht, dann wird sich das Leben, egal wie die betreffende Situation auf den ersten Blick wirkt, auch auf die für uns wirkungsvollste Weise entwickeln. Vertrauen ist eines der großen Heilgeschenke, das jedes Problem zu lösen vermag. Sobald wir die Kraft unseres Geistes positiv auf ein Ziel richten, wird sie dazu beitragen, der Situation zum Erfolg zu verhelfen. Vertrauen hat nichts Naives. Es leugnet nicht bestimmte Gefühle oder Informationen, die Leid verursachen könnten. Es akzeptiert die Situation so, wie sie ist, setzt jedoch die Kraft des Geistes ein, in dem Wissen, dass alles sich zum Guten wenden wird. Vertrauen befreit uns von Stress und Sorgen und fördert keineswegs solche Bereiche, die uns lähmen. Das Wissen, dass alles zu einem guten Ende finden wird, ist sowohl eine Erleichterung als auch eine Befreiung. Vertrauen stellt Bindungen wieder her und fügt wieder zusammen, was in unserem Inneren getrennt, zerbrochen oder abgespalten wurde und sich seither in Konflikten verzehrt. Vertrauen bringt den Frieden mit sich, aus dem alles Gute entsteht.

Übung

Setzen Sie heute Vertrauen in die Menschen, die Sie lieben. Setzen Sie Ihr Vertrauen auch in schwierige Situationen und problematische Menschen. Sich selbst zu vertrauen heißt, Gott zu vertrauen. Wenn Sie an Einsicht und Frieden gewinnen, dann investieren Sie beides zurück in Ihr Umfeld.

21. Anhaften auflösen

Das Universum
versucht uns zu lehren:
Nur wenn wir geben,
können wir glücklich sein,
und was wir versuchen
zu nehmen, ist das,
was wir verlieren.

Aller Schmerz hat seine Ursache in einer Anhaftung, die sich als Bindung ausgibt, jedoch nichts als eine Fälschung ist. Anhaften ist das Festhalten an alten unerfüllten Bedürfnissen und die Hoffnung auf ihre nachträgliche Befriedigung. Diese alten Bedürfnisse erzwingen eine Art des Nehmens, die Beziehungen schädigt und Erfolg verhindert. Anhaften kann Wahrheit in Lüge verwandeln. In einer Liebesbeziehung etwa kann es Liebe vortäuschen und entweder den anderen benutzen oder, durch Festhalten an den alten unerfüllten Bedürfnissen, das eigene Wachstum verhindern. Die Auflösung von Anhaftungen bewirkt Schmerz, Enttäuschung, Frustration und Desillusionierung. Trauer und Unzulänglichkeitsgefühle, die sich hinter jeder Anhaftung verbergen, treten mit ihrer Auflösung zutage. Die mit jeder Anhaftung verbundene Angst verführt uns dazu, unsere Ketten möglichst zu bewahren. Doch jegliche Form von Anhaften muss schließlich Verlust, gebrochene Herzen und zerbrochene Träume bewirken. Es macht uns zu Nehmern. Das Universum aber versucht uns zu lehren: Nur wenn wir geben, können wir glücklich sein, und was wir versuchen zu nehmen, ist das, was wir verlieren. Unsere Anhaftungen verursachen Leidenschaften, die uns vom eigentlichen Ziel abbringen, die wir aber dringlich zu befriedigen suchen, allerdings ohne darin jemals erfolgreich zu sein. All dies hat nichts als Leiden zur Folge. Wer sein Anhaften aufrechterhält, bringt nicht nur seine Beziehung in Gefahr, sondern auch den Menschen, dem er anhaftet.

Übung

Fragen Sie sich heute: Wie sehr benutze ich meinen Partner, meine Familie, meine Freunde, meinen Beruf und bestimmte Situationen, um an unerfüllten Bedürfnissen der Vergangenheit festzuhalten? Wo Sie bereit sind, Anhaftungen aufzugeben, dort können Liebe und wahre Verbindung entstehen, die Ihnen Frieden bringen. Das bedeutet nicht, dass Sie etwas fortwerfen, sondern Sie rücken die Dinge in die richtige Perspektive und schaffen die Basis für Frieden und wahre Bindung.

22. *Sorgenfrei sein*

Unsere Sorgen loszulassen
ermöglicht die Anerkennung
unseres Wertes und unserer
Identität als Kinder Gottes.
Die Anerkennung unserer Herkunft
von einem reichen Vater
verleiht uns ein Anrecht
auf Frieden, Fülle und Freude.

Freiheit von Sorgen finden wir auf dem schmalen Grat zwischen den Fallstricken der Vorsicht und der Nachlässigkeit. Sorgenfrei zu sein heißt, sich keine Sorgen zu machen, sich nicht aufopfern, schwere Lasten tragen oder Rollen spielen zu müssen, denen kein Erfolg beschieden sein kann und die uns am Vorankommen hindern.

Vorsicht allein begrenzt uns auf ein Leben nach alten Rezepten und macht, dass wir uns vor dem Leben verbergen, wo wir doch glücklich sein könnten. Zu vorsichtig zu sein heißt, dass wir Rollen übernommen haben, die aus der Verurteilung unserer Eltern als schlechte Eltern herrühren. Um zu zeigen, wie sie es hätten richtig machen können, überarbeiten wir uns beispielsweise. Auf einer noch tieferen Ebene werfen wir damit Gott vor, dass er die Welt nicht gerettet hat, und wir überanstrengen uns, um ihm zu zeigen, wie er es hätte besser machen können. Dieses Verhalten ist Bestandteil unseres Wettkampfes mit Gott auf der Ebene der tiefsten Schichten unseres Geistes. Wir versuchen, Gott zu besiegen, und wollen seinen Thron für uns beanspruchen.

Nachlässigkeit ist Ausdruck unseres Bedürfnisses, uns an Gott und an unseren Mitmenschen zu rächen. Nachlässigkeit ist eine selbst gewählte, aber möglicherweise unterdrückte Handlung oder Haltung, die uns veranlasst, jemanden emotional zu erpressen oder schuldig zu sprechen oder unserem eigenen Lebenssinn im Weg zu stehen. Nachlässigkeit wird durch ein Selbstbild verursacht, das immer Schmerzen verursacht. Übertriebene Vorsicht hingegen beruht auf einer Vorstellung unserer selbst, die, um Schmerz zu vermeiden, Opferbereitschaft und Schwermütigkeit entwickelt, unser Nachlässigkeitsprogramm kompensiert und sich zugleich im Konflikt mit ihm befindet. Unsere Sorgen loszulassen ermöglicht die Anerkennung unseres Wertes und unserer Identität als Kinder Gottes. Die Anerkennung unserer Herkunft von einem reichen Vater verleiht uns ein Anrecht auf Frieden, Fülle und Freude. Sind Sie frei von Sorgen, tragen Sie das Lachen in die Welt, erleichtern Sie den Mühseligen und Beladenen das Tragen ihrer Last, bereichern Sie die Welt um einzigartige Farben. Sorgenfreiheit gibt Ihnen Ihre Jugend zurück. Sie ist ein Beweis des Vertrauens in das Leben, in uns selbst und in Gott.

Übung

Verpflichten Sie sich, heute sorgenfrei zu sein. Machen Sie sich die Folgen von Vorsicht und von Nachlässigkeit bewusst. Wenn Sie spüren, wie die dazugehörigen Gefühle aufkommen, dann verschreiben Sie sich einfach von neuem der Freiheit von Sorgen.

23. Integration

Jegliche Heilung ist eine Form von Integration, wodurch der hinter einem Problem verborgene Konflikt beendet wird. Je weiter wir mit unserer persönlichen Integration vorankommen, desto mehr Partnerschaft, Gemeinschaftlichkeit und Freude entsteht auch in der Entwicklung mit anderen.

Jegliche Heilung ist eine Form von Integration, wodurch der hinter einem Problem verborgene Konflikt beendet wird. In Konflikt befinden sich zwei oder mehrere Parteien, von der jede den Sieg davontragen will. Sie spiegeln widerstreitende und unterdrückte Teile unserer selbst wider, die sich im Konflikt mit jenem Aspekt von uns befinden, mit dem wir uns identifizieren. Auch dort draußen im Leben stehen die Menschen, die uns in unserer Entwicklung behindern, für unterdrückte Teile unserer selbst, mit denen wir uns weniger oder gar nicht identifizieren. Jeder Konflikt erzeugt Angst und behindert unsere Entwicklung. Jeder Teil unserer selbst befürchtet, dass seine Bedürfnisse unerfüllt bleiben, wenn der Gegenpol vorankommt und die Oberhand gewinnt. Bei miteinander im Widerstreit befindlichen Menschen oder Parteien verhält es sich genauso. Die Antwort liegt in der Integration der beiden gegensätzlichen Seiten zu einem Ganzen, das die besten Eigenschaften von beiden vereint. Wenn die eine Seite negativ erscheint, dann wird ihre Energie in ein positives Ganzes eingespeist und wirkt wie eine Vorbeugung gegen zukünftige Negativität. Jeder unserer Mitmenschen zeigt uns Bestandteile unserer selbst. Es gibt keinen Menschen in unserem Umfeld, dem wir nicht auch mit Verurteilung und Distanzierung begegnen. Doch indem wir durch Verbundenheit Brücken schlagen, schaffen wir auch eine neue Ebene der Integration. Gleiches geschieht, wenn wir uns selbst oder einem anderen Menschen vergeben. Integration wird möglich, damit Frieden, Zutrauen und Verständigung, sodass Brüche, die sich in der Vergangenheit zugetragen haben, geheilt werden. Je weiter wir mit unserer persönlichen Integration vorankommen, desto mehr Partnerschaft, Gemeinschaftlichkeit und Freude entsteht auch in der Entwicklung mit anderen.

Übung

Erkennen Sie die beiden Seiten des Konflikts entweder in sich selbst oder in Ihrem Umfeld. Entscheiden Sie sich dafür, diese beiden gegensätzlichen Pole zu einem großen Ganzen zu integrieren.

Manchen Menschen hilft es, sich so lebhaft wie möglich vorzustellen, dass sie jede der beiden gegensätzlichen Seiten in einer Hand halten. Wenn Ihnen dies gelungen ist, schmelzen Sie sie beide ein, bis nur noch ihre reine Energie übrig ist. Verschmelzen Sie die beiden Energiepole miteinander, indem Sie Ihre Hände ineinander legen und die Finger miteinander verschränken. Sehen, spüren oder empfinden Sie den Unterschied in Ihrem Inneren.

24. Frieden

Je friedlicher wir werden,
desto leichter fällt es uns,
die Antworten zu hören, die tief
aus unserem Inneren kommen.
Frieden erzeugt eine heitere Freude,
die sich mit zunehmender
Entwicklung vertieft.

Frieden ist ein Zustand des Gleichgewichts, der Zentrierung und der Ausgeglichenheit. Alles Gute wie Liebe, Fülle und Glück erwächst aus Frieden. Das Maß unseres Friedens entspricht dem Maß unseres Vertrauens. Frieden stellt das Mittel gegen körperliche Krankheit und innere Konflikte dar. Wenn es uns gelingt, den Stress eines beliebigen Konflikts zu überwinden und uns in einen Zustand des Friedens hinein zu entspannen, dann löst sich der Konflikt auf natürliche Weise auf. Auf einer bestimmten Ebene waren Konflikt und Stress nichts anderes als die Verteidigungsstrategie des Egos gegen das heilende Geschenk des Friedens. Das Ego wird gestärkt durch den Stress, den Dringlichkeit und Bedürftigkeit erzeugen, Frieden hingegen lässt das Ego schrumpfen. Je friedlicher wir werden, desto leichter fällt es uns, die Antworten zu hören, die tief aus unserem Inneren kommen. Frieden sorgt dafür, dass wir uns mit den Menschen oder den Anteilen unseres Geistes, mit denen wir uns im Konflikt befinden, auf einer neuen Verständnisebene vereinigen. Frieden erzeugt eine heitere Freude, die sich mit zunehmender Entwicklung vertieft. Wir erreichen höhere Ebenen der Ganzheit, des Erfolges und noch mehr Frieden. Unser Grundvertrauen wächst und damit können wir aus den tieferen Schichten unseres Geistes abgespaltene Teile oder Ego-Fallen an die Oberfläche holen. Frieden stellt auf natürliche Weise die Bindung, Sicherheit und das Fundament her, auf denen unser Leben fußt.

Übung

Stellen Sie sich vor, dass ein bestimmtes Problem oder ein Konflikt Ihnen ein unerträgliches Maß an Kummer bereitet. Lassen Sie sich einen Moment lang auf das Gefühl ein. Nun sehen Sie sich vor Ihrem geistigen Auge selbst dabei zu, wie Sie Frieden ein- und Kummer ausatmen. Atmen Sie den Frieden direkt in das Problem oder den Konflikt hinein, schmelzen Sie den Stress, bis er sich gänzlich aufgelöst hat. Malen Sie sich aus, wie Sie in Ihren Geist hinabsteigen, bis Sie die Schicht des Friedens erreichen, die unterhalb jener des Problems und Kummers liegt. Wenn Sie tief genug eindringen, dann löst sich das Problem auf.

25. Die eigene Mitte finden

Wer seine eigene Mitte gefunden hat,
hat auch sein Gleichgewicht gefunden –
und das lässt dann keinerlei
Opferbereitschaft oder Leiden mehr zu.
Zentrierung ist ein einfaches Mittel,
um zu friedlicheren Ebenen vorzustoßen,
die tiefer liegen als jeder Konflikt,
und so die Auflösung von Problemen
zu erreichen.

Tief im Inneren eines jeden Menschen gibt es einen Ort, mit dem ein Gefühl tiefen Friedens verbunden ist. In diesem Zentrum erneuern sich Bindungen und unser Gleichgewicht auf natürliche Weise. Manche Menschen meditieren wochenlang, um ihre Mitte zu erreichen, oder aber unser Geist befördert uns in Sekundenschnelle dorthin. Unser höherer Geist, jener Aspekt unseres Selbst, in dem sich alle Antworten und alle Kreativität befinden und der mit unserer Seele verbunden ist, kann dies leicht erreichen.

Um ein tief sitzendes Problem oder eine bedeutende Ego-Falle zu heilen, ist es manchmal erforderlich, zu weiter innen liegenden, tieferen Zentren vorzudringen. Zwar erreichen die meisten Menschen einen Ort des Friedens, wenn Sie darum bitten, die eigene Mitte zu finden, doch um die echten Traumata unseres Lebens zu heilen, bedarf es der Mithilfe wenigstens eines weiteren Zentrums. Wenn Probleme im Unbewussten wurzeln, müssen die innersten Zentren erreicht werden, um Frieden und Bindung zu realisieren. Wenn Sie darum bitten, zu ihren tiefsten Zentren zu gelangen, ist dort manchmal nicht nur alles friedlich, sondern auch erfüllt von Licht. Diese Zentrierung können Sie erbitten, wenn Sie außer sich sind und Ihnen Frieden in jeder Hinsicht Not tut oder wenn Sie sich mit traumatischen, also sehr schmerzhaften Situationen auseinander setzen. Wenn wir unseren höheren Geist bitten, uns zu immer tieferen Zentren zu führen und dabei das schmerzhafte Ereignis vor Augen haben, dann setzt Heilung ein, bis jeder der Beteiligten einen Zustand der Bindung erreicht. So können Ereignisse aus der Vergangenheit mit ihren negativen Programmierungen in der gegenwärtigen Situation geheilt werden. Wer seine eigene Mitte gefunden hat, hat auch sein Gleichgewicht gefunden – und das lässt dann keinerlei Opferbereitschaft oder Leiden mehr zu. Ich habe erlebt, dass Personen, die sich zu den innersten Zentren vorarbeiteten, zugleich auch höhere Bewusstseinsebenen erreichten. Diese Zentren scheinen oft mit den Chakras im Körper zu korrespondieren. Zentrierung ist ein einfaches Mittel, um zu friedlicheren Ebenen vorzustoßen, die tiefer liegen als jeder Konflikt, und so die Auflösung von Problemen zu erreichen.

Übung

Visualisieren Sie ein Problem in Ihrem Leben oder empfinden Sie es deutlich. Bitten Sie Ihren höheren Geist, Sie in Ihre Mitte zu tragen. Falls Sie einen Zustand tiefen Friedens nicht erreichen, bitten Sie Ihren höheren Geist so lange, Sie zu immer tiefer liegenden Zentren zu bringen, bis Sie Ihre eigentliche Mitte erreicht haben. Sobald Sie an diesen von Liebe, Gnade und Licht erfüllten Ort in sich gelangt sind, entspannen Sie sich in den Frieden und die Bindung hinein.

26. Alte Muster auflösen

Dieses wertvolle Heilgeschenk beginnt mit der Erkenntnis, dass die Welt, wie wir sie sehen, aus Mustern von Überzeugungen und Erfahrungen besteht. Indem wir alte Muster überwinden, ersetzen wir alle finsteren Geschichten, Ego-Verschwörungen und alles Anhaften durch Wahrheit und Glück in unserem Leben.

Dies ist ein wertvolles Heilgeschenk und ein effektives Prinzip zur Mehrung unseres Glücks. Es beginnt mit der Erkenntnis, dass die Welt, wie wir sie sehen, aus Mustern von Überzeugungen und Erfahrungen besteht. Muster, die aus einer falsch getroffenen Wahl, aus müßigem Wünschen, aus wertlosen Bewertungen und nichtigen Ego-Strategien stammen, bringen uns statt des gesuchten Glücks nur Schmerzen. All diese Schmerzen, falschen Überzeugungen, negativen Einstellungen, der ganze Mangel an Vertrauen und Selbstwert sind wie Programmierungen, die gelöscht werden müssen. Indem wir Einfluss auf innere Muster, die uns unglücklich machen, nehmen, öffnen wir uns für das, was uns den richtigen Weg weist. Jeder einzelne Probleme schaffende Aspekt in uns muss geheilt werden, damit wir Erfolg haben können.

Unsere Überzeugungen schreiben uns vor, wie wir unser Leben, Beziehungen, Erfolg, Gesundheit und die Welt erfahren. Sobald wir uns bei einer negativen Überzeugung ertappen, und sei es nur, während wir die Ergebnisse einer unangenehmen Situation untersuchen, können wir diese negative Überzeugung leicht verändern, indem wir eine neue Wahl in eine positive Richtung treffen. Negatives ereignet sich ausschließlich als Folge unserer negativen Überzeugungen, die nichts anderes sind als früher einmal getroffene Entscheidungen, die sich bis in die Gegenwart hinein auswirken. Sie können revidiert werden, indem wir jetzt eine neue Wahl treffen. Zwar schichten sich zu einem Thema, wie etwa einer bestimmten Beziehung, häufig viele verschiedene negative Vorstellungen, Schmerzen oder Probleme übereinander, doch wenn wir uns immer jeweils nur mit der anstehenden Frage beschäftigen und sie neu entscheiden, dann ist eine Veränderung hin zum Positiven möglich. Sobald wir uns eingehend mit dem Löschen alter Programmierungen beschäftigen, zeigen sich all die Begrenzungen, Ego-Fallen, Muster, falschen Entscheidungen, Entwertungen, Schuldgefühle, Versagenseindrücke, Schmerzen, Illusionen und verborgenen Wünsche und fallen von uns ab. Indem wir ihre Ketten abstreifen, werden wir leichter, freier und erfolgreicher. Wenn wir uns dabei mit unbewussten oder finsteren Vorstellungen von uns selbst beschäftigen müssen, kann der Besserung eine Verschlechterung vorausgehen. Logisches Denken, Kreativität, Kraft und Liebe vermögen ein Muster, das inneres Wachstum beschleunigt, in unser Leben zu tragen. Wenn das Licht durch dieses Löschen alter Programmierungen zunimmt, wird uns klar, dass wir durch eine neu getroffene Wahl unser Leben transformieren können. Indem wir alte Muster überwinden, ersetzen wir alle finsteren Geschichten, Ego-Verschwörungen und alles Anhaften durch Wahrheit und Glück in unserem Leben.

Übung

Entscheiden Sie sich dafür, überkommene Muster zu überwinden. Führen Sie über Ihre Erfahrungen ein Tagebuch. Achten Sie darauf, was Ihnen ins Bewusstsein steigt, egal ob es wichtig oder nichtig erscheint. Dann entscheiden Sie sich dafür, diese alten Programmierungen zu löschen. Machen Sie das Löschen alter Programmierungen zu ihrer ersten Wahl am Morgen und zu Ihrer letzten am Abend. Erinnern Sie sich stündlich daran, dass Sie sich entschieden haben, alte Programmierungen aufzugeben. Achten Sie darauf, was in Ihnen aufsteigt, damit Sie es loslassen. Entscheiden Sie sich, es loszulassen.

27. Dankbarkeit

Dankbarkeit öffnet der
Verbundenheit Tür und Tor
und stellt Innigkeit wieder her.
Sie vermag Wärme und lebendigen
Fluss mitten in Langeweile,
Abgestorbenheit, inneren Rückzug
und Streit zu tragen.

Wenn wir irgendetwas in uns aufgestaut haben, bringt die Dankbarkeit es wieder zum Fließen. Sie löst Selbstgerechtigkeit, Dickköpfigkeit, Neigung zu Selbsttadel und Angst auf, sodass wir wieder nach vorn schauen. Dankbarkeit öffnet der Verbundenheit Tür und Tor und stellt Innigkeit wieder her. Sie vermag Wärme und lebendigen Fluss mitten in Langeweile, Abgestorbenheit, inneren Rückzug und Streit zu tragen.

Wo wir durch Krankheit, Groll oder Schuld blockiert sind, können wir uns durch die Liebe, mit der Dankbarkeit jede Situation erfüllt, erneut positiv entfalten. Unsere Dankbarkeit ist ein Geschenk, das wir uns selbst machen, denn sie hilft uns, unsere Mitmenschen neu zu würdigen. Dankbarkeit setzt die Dinge ins richtige Verhältnis, ist für uns wie für unsere Mitmenschen ein Segen. Sie öffnet uns für das wahre Wesen von Partnerschaften und ist die beste Einstellung, mit der wir anderen Menschen begegnen können. Sie versüßt uns das Leben und unsere Beziehungen und erinnert uns an den Reichtum, der für uns da ist. Unsere Dankbarkeit gibt uns Fülle und Vertrauen zurück und befähigt uns, das Leben auszukosten. Dankbarkeit heißt, sich daran zu erinnern, was wir erhalten haben, und es auch weiterhin mit Freuden zu empfangen. Sie korrigiert die Rollen der Opferbereitschaft, der falschen Unabhängigkeit und der Bedürftigkeit und bringt uns wieder ins innere Gleichgewicht. Sie würdigt den Anteil, den andere an unserem Leben haben, und ermöglicht es dadurch auch ihnen, uns Anerkennung zu schenken. Selbst Menschen, die unser Leben negativ beeinflussen, verdienen Dankbarkeit, denn sie holen die verborgenen negativen Anteile in uns ans Tageslicht, die der Heilung bedürfen und die sonst auch weiterhin im Verborgenen und für das Bewusstsein unsichtbar an uns nagen würden. Durch Dankbarkeit anerkennen wir, was die Welt verdient, und dies wiederum lässt uns begreifen, das auch wir verdienstvoll und der Anerkennung würdig sind.

Übung

Machen Sie sich einen Problembereich in Ihrem Leben bewusst, der Sie blockiert. Nun erstellen Sie eine Liste all der Dinge, für die Sie dankbar sind, und genießen Sie jeden einzelnen Punkt, während Sie ihn niederschreiben. Setzen Sie die Übung fort, auch nachdem Sie bereits spüren, dass der Fluss in Ihnen wiederhergestellt ist, und Sie wieder nach vorn schauen. Danken Sie den Menschen in Ihrem Umfeld, die Ihnen so viel gegeben haben.

Befassen Sie sich nun mit einer verfahrenen Beziehung. Schreiben Sie all das auf, wofür Sie der betreffenden Person dankbar sind. Es gibt immer mindestens einen Grund, einem anderen Menschen dankbar zu sein. Sich diesen Punkt bewusst zu machen, vermag Sie zu motivieren und Ihre Beziehung wiederherzustellen.

28. Bedürftigkeit heilen

Der reife Umgang mit unseren Bedürfnissen, die Heilung von Bedürftigkeit, ist der Schlüssel zum Beziehungsglück. Im Frieden mit den eigenen Bedürfnissen zu sein, ist auch eine entscheidende Voraussetzung für Erfolg. Lassen Sie sie los, oder geben Sie sich das, was Sie zu brauchen meinen, und Sie werden frei sein.

Alle unsere Probleme sind die Folge unerfüllter Bedürfnisse. Irgendwie entsteht die Hoffnung, dass diese Bedürfnisse durch irgendeines unserer Probleme befriedigt werden: Das ist Bedürftigkeit. Ihr Entstehungsgrund sind verlorene Bindung und Trennung, und kraft des resultierenden Problems weigert sich ein Teil von uns, weiterzugehen, bevor nicht die zugrunde liegenden Bedürfnisse erfüllt sind. Bis hin zur Erleuchtung und noch darüber hinaus sind wir mit unserer Bedürftigkeit konfrontiert, ebenso gut könnten wir also jetzt gleich mit ihr Frieden schließen. Sie bewirkt Illusionen und Fehlentscheidungen in unserem Leben, deshalb muss sie geheilt werden.

Da Bedürftigkeit eine Ego-Falle ist, die nehmen lässt, jedoch am Empfangen hindert, ist es besonders wichtig, sie zu heilen. Sie ist eine der vorrangigen Rollen, in denen wir uns verfangen, wenn wir die Bindung verlieren oder traumatisiert werden. Der entstehende Konflikt wirkt auf andere Menschen besonders abstoßend, und wenn wir die Lektion nicht lernen, können wir keine Beziehung erfolgreich führen. Der reife Umgang mit unseren Bedürfnissen, die Heilung von Bedürftigkeit, ist der Schlüssel zum Beziehungsglück. Wer sich dieser Lektion verweigert, muss mit Unglück und gebrochenem Herzen rechnen. So viele von uns beklagen sich darüber, was der Partner in der Beziehung getan oder nicht getan hat, doch verbirgt sich hinter diesen Klagen nichts anderes als die Diktatur unserer Bedürftigkeit. Wer unerfüllte kindliche Bedürfnisse mit sich herumträgt, der schiebt seinen Partner fort, ohne es überhaupt zu merken. Wir versuchen unser Nehmen zu verschleiern, indem wir uns auf die Fehler des Partners konzentrieren. Solange wir uns selbst und unserem Partner nicht vergeben, solange wir unsere Bedürftigkeit nicht loslassen, nicht lernen, ohne Schuldzuweisungen und emotionale Erpressung unseren Bedürfnissen Ausdruck zu verleihen, geben wir weder unserem Partner noch uns selbst. Worüber wir uns in unserer Beziehung beklagen, etwa über den Mangel an Romantik oder Sex, ist genau das, was wir selbst einbringen müssen. Damit laden wir unseren Partner ein, an diesen Erfahrungen teilzuhaben, statt ihn oder sie zum Sündenbock zu machen und zu demotivieren.

Im Frieden mit den eigenen Bedürfnissen zu sein, ist eine entscheidende Voraussetzung für Erfolg. Erkennen Sie ihre Existenz an, akzeptieren Sie sie, machen Sie Witze über sie und verschreiben Sie sich ihrer Heilung. Lassen Sie sie los, oder geben Sie sich das, was Sie zu brauchen meinen, und Sie werden frei sein.

Übung

Untersuchen Sie eines Ihrer Probleme. Welches Bedürfnis wird Ihnen im Zusammenhang damit deutlich? Stellen Sie sich vor, dass das, was Sie sich wünschen, bereits in Ihnen vorhanden ist. Öffnen Sie ihm die Tür, heißen Sie es willkommen, und teilen Sie seine Energie mit Ihren Mitmenschen.

Nun untersuchen Sie, in welchem Zusammenhang Ihre Mitmenschen Sie meiden. Dies macht Ihnen ein Bedürfnis deutlich, das loszulassen Sie aufgerufen sind. Gehen Sie in sich und öffnen Sie ihm die Tür. Lassen Sie es eins mit sich werden. Dann teilen Sie es mit anderen.

Beschäftigen Sie sich mit bedürftigen Mitmenschen aus Ihrem Umfeld. Sie spiegeln Ihre eigenen unbewussten Bedürfnisse wider. In sich selbst tragen Sie das Geschenk, mit dem Sie ihre Bedürftigkeit stillen können. Öffnen Sie diesem Geschenk die Tür, nehmen Sie es an, und teilen Sie es mit denen, die seiner bedürfen. Indem Sie dies tun, heilen Sie Ihre verborgenen Bedürfnisse, und Sie und Ihre Mitmenschen können sich weiterentwickeln.

29. Fühlen

Wenn wir bereit sind,
all unsere Gefühle zuzulassen,
auch die schmerzhaften und
unangenehmen, dann bringen wir
problematische Angelegenheiten
zum Abschluss und ersetzen sie durch
Frieden. Indem wir insbesondere
unsere alten Gefühle spüren,
verbinden wir uns mit unserem
Herzen und mit unserer Fähigkeit
zu empfangen. Spaß, Vitalität
und der Fluss des Lebens stehen
uns erneut offen!

Unsere Gefühle einfach zu empfinden und nicht zu bewerten, ist die einfachste Form des Heilens. Die meisten Probleme, Muster, Krankheiten und Mangelzustände sind die Folge von mitgeschleppten, unabgeschlossenen Konflikten und von Emotionen aus der Vergangenheit. Wenn wir bereit sind, all unsere Gefühle zuzulassen, auch die schmerzhaften und unangenehmen, dann bringen wir problematische Angelegenheiten zum Abschluss und ersetzen sie durch Frieden. Wenn wir festzustellen bereit sind, wo wir alte schmerzhafte Gefühle verstecken, und sie bewusst empfinden, dann erhalten wir Zugang zu den darunter liegenden guten Gefühlen und Geschenken. Indem wir insbesondere unsere alten Gefühle spüren, verbinden wir uns mit unserem Herzen und mit unserer Fähigkeit zu empfangen. Spaß, Vitalität und der Fluss des Lebens stehen uns erneut offen!

Wenn es um das bewusste Erleben unserer Gefühle geht, dann ist es am besten, alles im Umfeld eines Problems oder einer Angelegenheit zu spüren, bis wir schließlich eine Ebene starker positiver Gefühle erreichen. Wir können fast alles tun, während wir uns zugleich unseren Gefühlen öffnen. Wir können uns in sie hineinstürzen und sie sogar ein wenig übertreiben, um sie schneller abzuarbeiten. Man muss wissen, dass das erste Gefühl, dem man sich öffnet, eine Reihe weiterer Empfindungen, sogar ganze Gefühlsschichten nach sich ziehen kann. Psychologisch sind Dissoziation und Hysterie als Gegenteil der Gefühlsvermeidung zu verstehen. Wenn wir auf ein unbewusstes Gefühl stoßen, dann kann es sich als äußerst schmerzhaft erweisen, doch es zu spüren, wird uns nicht töten. Nur das In-sich-Hineinfressen und Unter-den-Teppich-Kehren kann Dissoziation, Krankheit und Tod verursachen. Erreichen wir eine Ebene, auf der Verteidigung, Leere, Nichtsein oder völlige Gefühllosigkeit herrschen, dann müssen wir uns lediglich auch darauf wie auf ein Gefühl einlassen, und es wird sich auflösen. Gute Gefühle hingegen verstärken sich auf natürliche Weise und nehmen zu, je mehr wir uns ihnen hingeben. Negative

Gefühle abzuarbeiten, indem wir uns ihnen stellen, schafft in uns Raum für größere Freude. Aus einem bestimmten Blickwinkel betrachtet ist Evolution nichts anderes als die wachsende Fähigkeit, immer mehr Freude und Liebe zu fühlen.

Übung

Wenn Sie heute Liebe oder Glück empfinden, dann geben Sie sich diesem Gefühl ganz und gar hin, damit es wachsen kann. Spüren Sie hingegen Schmerz, Negativität, Teilnahmslosigkeit oder gar kein Gefühl, dann vertiefen Sie sich auch in diese Gefühle, bis Sie sie zum Schmelzen gebracht und einen Zustand der Glückseligkeit erreicht haben. Sollten Sie ein Problem haben, dann befassen Sie sich damit, und achten Sie dabei sorgsam auf Ihre Gefühle. Sie sind keineswegs gezwungen, negative Gefühle auszuleben, nur weil Sie sie spüren. Reife will etwas ganz anderes. Öffnen Sie sich Ihren negativen Gefühlen offensiv, dann werden Sie sie schließlich akzeptieren und sich zu tieferen oder glücklicheren Gefühlen vorarbeiten. Geben Sie nicht auf, bis Sie auf glücklichere Gefühle stoßen. Sie erlangen auf diesem Weg Ihr Herz und Ihr Vertrauen zurück. Diese Art, negative Gefühle zu heilen, macht uns zugänglicher und für Beziehungen attraktiver.

30. Akzeptanz

Akzeptieren wir die Dinge,
wie sie sind,
dann erkennen wir,
dass wir die Wahl haben
und dass uns andere
Möglichkeiten offen stehen.
Akzeptanz bedeutet,
eine Weide mit grünerem
Gras zu finden.

Akzeptanz ist die Bereitschaft, sich auf das Vorhandene so einzulassen, wie es sich im Augenblick zeigt, in dem Wissen, dass wir nur dann vorankommen und Veränderung bewirken, wenn wir die Dinge so anerkennen, wie sie sind. Akzeptanz ist das Gegenteil von Widerstand. Widerstand ist eine Verteidigungsstrategie, in deren Namen etwas fortgeschoben wird, um Schmerz zu vermeiden oder sich einer bestimmten Angelegenheit nicht stellen zu müssen. Was wir auf diese Weise vermeiden wollen, bleibt aber bestehen. Nur wenn wir es zulassen, wird Veränderung möglich. Was wir akzeptieren, entfaltet sich und bringt uns voran. Sich gegen Schmerzen zu wehren heißt, sie noch zu verstärken. Wer den Schmerz jedoch akzeptiert und sich ihm bereitwillig ergibt, der wird erleben, wie er auf wundersame Weise abnimmt. Wenn wir leugnen, was tatsächlich mit uns geschieht, steuern wir munter und naiv auf ein gebrochenes Herz zu. Akzeptieren wir jedoch die Dinge, wie sie sind, dann erkennen wir, dass wir die Wahl haben und dass uns andere Möglichkeiten offen stehen. Akzeptanz bedeutet, eine Weide mit grünerem Gras zu finden. Sie macht uns stark, während Widerstand uns nur schwächt. Akzeptanz erkennt Zitronen als Zitronen und macht daraus Limonade. Sie versucht nicht, irgendetwas vorzutäuschen, zu verbergen oder zu verbiegen. Akzeptanz gestattet uns, die Dinge so zu lassen, wie sie sind, egal wie sie aussehen. Wenn die Situation zwar negativ wirkt, wir sie aber dennoch akzeptieren, lösen wir die Angst und den Tadel auf, die ihren positiven Kern daran hindern, sich zur Gänze zu entfalten.

Akzeptanz heilt ein gebrochenes Herz und bewahrt uns vor der Flucht in ein Gewinner-Verlierer-Muster, das mindestens die Hälfte unserer kostbaren Zeit zu seiner eigenen Aufrechterhaltung aufzehrt. Eine solche Einstellung erzeugt Muster, die der Verletzung und Zurückweisung in großem Stil Platz in unserem Leben einräumen. Akzeptanz hingegen heilt unseren primitiven Bewusstseinszustand, der uns glauben macht, gewinnen oder als Erstes die Befriedigung unserer Bedürfnisse erreichen zu müssen, um glücklich zu sein. Akzeptanz heilt jene verborgenen und offenbaren Formen des Nehmens in uns, die Schmerz, Zurückweisung und Verlust verursachen. Sie führt den nächsten Schritt in der Entfaltung des Erfolgs herbei.

Übung

Untersuchen Sie, was Ihnen in Ihrem Leben Schmerzen verursacht oder was sich blockiert anfühlt.

Akzeptieren Sie das Problem, wie es ist, ohne Widerstand zu leisten. Lassen Sie es so, wie es ist. Je besser es Ihnen gelingt, die Dinge in ihrem So-Sein zu akzeptieren, desto wundervoller entfaltet sich das Leben vor Ihnen.

31. Verletzung heilen

Aller Schmerz hat seine Ursache
in Fehlwahrnehmungen.
Wir können nur dann verletzt werden,
wenn wir uns von einem anderen
Menschen zurückziehen oder
wenn wir geben, um zu nehmen;
wenn wir uns auf Geben und Lieben
beschränken, dann gibt es keine
Probleme.

Gefühle der Verletztheit haben ihre Ursache in einer vermeintlichen Zurückweisung durch einen anderen Menschen. Psychologisch gesehen können wir uns jedoch nur dann zurückgewiesen fühlen, wenn wir selbst Widerstand leisten oder abweisend sind. Wenn uns jemand ab- oder zurückweist und wir dies akzeptieren, dann hat die Erfahrung keinen Einfluss auf unser ursprüngliches Gefühl. Wenn sich ein anderer Mensch so verhält, als stoße er uns von sich, und wir begreifen, was vor sich geht, indem wir die Gefühle erkennen, die zu seinem Verhalten geführt haben, dann verursacht uns sein Handeln keinen Schmerz. Zurückweisung ist eine Projektion: Wir halten das, was wir selbst tun, für etwas, was ein anderer uns antut. Tatsächlich resultieren Gefühle des Verletztseins oder der Zurückweisung häufig aus Fehlinterpretationen des Verhaltens eines anderen, der gar nichts dergleichen beabsichtigt hat. Selbst wenn wir uns als Baby oder Kind als nicht erwünscht gefühlt haben, war dies eine Wahrnehmung, die immer auch eine Projektion großen Ausmaßes enthielt.

Wir können uns nur dann verletzt fühlen, wenn wir versuchen, etwas zu bekommen oder zu nehmen, oder wenn ein Bedürfnis nicht erfüllt wird. Damit richten wir eines der effektivsten Muster ein, die gebrochene Herzen und das Scheitern von Beziehungen programmieren. Selbst wenn es scheinbar eindeutige Beweise gibt, um unsere Eltern zu verurteilen, kann man leicht zeigen, dass es sich lediglich um eine falsche Wahrnehmung handelt. Aller Schmerz hat seine Ursache in Fehlwahrnehmungen. Wir können nur dann verletzt werden, wenn wir uns von einem anderen Menschen zurückziehen oder wenn wir geben, um zu nehmen; wenn wir uns auf Geben und Lieben beschränken, dann gibt es keine Probleme. Denken wir einmal an Situationen unserer Kindheit zurück, in denen wir uns weggestoßen fühlten. Wenn wir uns jetzt vorstellen, die Bedürfnisse unserer Eltern zum damaligen Zeitpunkt – etwa nach Vertrauen, Chancenreichtum, Fülle sowie nicht zuletzt nach dem Gefühl, geliebt zu werden – wären befriedigt worden, dann stellen wir fest, dass auch ihre Einstellung zu uns als ihrem Kind radikal anders gewesen wäre. Was wir als Zurückweisung von ihrer Seite erlebten, war in Wahrheit *ihr* Schmerz, den wir als Kind auf uns bezogen und als Wegstoßen interpretierten. Als wir den Gefühlen und dem negativen Verhalten unserer Eltern Widerstand leisteten und diese Gefühle als Zurückweisung unserer Person deuteten, erschufen wir uns selbst ein vernichtendes Muster von Herzeleid und Zurückweisung. Wenn man herausfindet, dass all die Verletzungen und Zurückweisungen in unserer Kindheit Missverständnisse sind, die man selbst jetzt noch korrigieren kann, erobert man sich Erfolg, Vertrauen und die Gewissheit, liebenswert zu sein zurück. All der innere Rückzug, das Versagen und Zerbrechen, das eine Folge dieser Missverständnisse ist, kann nun in Erfolg versprechende Muster von Partnerschaft und Liebe verwandelt werden.

Übung

Sehen Sie sich eine Situation in Ihrem Leben an, in der Sie sich verletzt gefühlt haben. Was veranlasste die andere Person, so zu handeln, wie sie es tat? Was war für Sie der Anlass, die andere Person zurückzuweisen? Stellen Sie sich vor, dass sich der andere zuversichtlich, liebenswert, chancenreich fühlt. Wie empfindet diese Person jetzt Ihnen gegenüber und wie handelt sie? Stellen Sie sich nun vor, dass Sie den tieferen Teil Ihres Geistes öffnen und dort die Gabe finden und annehmen, die Sie in dieses Leben gebracht haben, um jenen Menschen zu helfen, von denen Sie sich zurückgewiesen fühlten. Sehen Sie sich nun, wie Sie der betreffenden Person Ihre Gabe darreichen und sie erneut glücklich machen. Was will der Himmel ihnen durch Sie zuführen? Lassen Sie es zu.

Welche Gaben können Sie nun von dem Menschen empfangen, von dem Sie meinten, dass er sie zurückweist? Welche Gaben will der Himmel Ihnen durch ihn oder sie zukommen lassen? Empfangen Sie jetzt all diese Gaben.

Sobald Sie Ihre falsche Vorstellung von Zurückweisung aufgegeben haben, können Sie wieder all die Liebe und Liebenswürdigkeit spüren, die Sie verdienen. Sie sind fähig, den Fehler zu korrigieren und die Gabe Ihrer Unwiderstehlichkeit wieder zu spüren.

32. Bereitwilligkeit

Bereitwilligkeit öffnet uns,
ermöglicht Inspiration
und gibt Antworten.
Sie zeigt uns,
an welcher Stelle
wir den nächsten Schritt
nach vorn tun sollten.

Bereitwilligkeit bringt uns so stark voran, dass sogar die Angst geheilt wird. Wenn wir spüren, dass es uns daran mangelt, dann können wir uns wenigstens bereitwillig für die Bereitwilligkeit zeigen – und mehr braucht unser höherer Geist nicht, um zu helfen. Bereitwilligkeit bringt uns zurück in den Fluss des Lebens und stellt Bindung wieder her, denn jeder Schritt nach vorn ist ein Schritt hin zu Nähe und Innigkeit. Bereitwilligkeit öffnet uns, ermöglicht Inspiration und gibt Antworten. Sie zeigt uns, an welcher Stelle wir den nächsten Schritt nach vorn tun sollten. Nun, da wir den Weg sehen können, führt uns Bereitwilligkeit auf die Spur der Wahrheit, der Liebe und des Erfolges. Jedes Problem bedeutet Angst vor dem nächsten Schritt, und Bereitwilligkeit ist die Salbe, um die Wunden, in denen die Angst schwärt, zu behandeln. Bereitwilligkeit ist nichts anderes als Offenheit für Lehre, Heilung und Wegweisung. Sie ist die Wurzel unseres Mutes, mit dessen Hilfe wir uns auf Veränderung und Erfolg einlassen. Sie befreit uns von all den finsteren Geschichten, die wir ins Drehbuch unseres Leben schreiben, und weist uns hin auf glückliche Möglichkeiten und Alternativen. Das Ego versucht uns so lange wie möglich abzulenken und aufzuhalten, um sich die Kontrolle zu bewahren. Bereitwilligkeit erkennt, dass es ein besseres Leben geben muss, als wir es führen, und eine bessere Art, mit der Situation umzugehen, in der wir uns festgefahren haben. Während das Ego versucht, uns mit Verlust, Zerstörung oder Tod lähmende Angst vor Weiterentwicklung einzujagen, zeigt uns Bereitwilligkeit, dass nicht für uns, sondern nur für das Ego Verlust oder Tod auf dem Spiel stehen.

Übung

Lassen Sie sich bereitwillig auf den nächsten Schritt ein. Er wird die Antwort auf Ihre Fragen, inniges Vertrauen und Erfolg mit sich bringen. Erkennen Sie, dass jedes Problem nichts weiter ist als der Versuch, Sie auszubremsen. Lassen Sie sich nicht mehr länger aufhalten. Öffnen Sie sich bereitwillig der Wahrheit. Lassen Sie es zu, dass die Liebe Sie befreit und Ihnen den nächsten Schritt zeigt.

33. *Wahlfreiheit*

Wir treffen unsere Wahl
im Bruchteil einer Sekunde
und vergessen sie
möglicherweise ebenso schnell.
Wenn sich dann negative Folgen
einstellen, ignorieren wir,
dass wir es waren, die sich
dafür entschieden haben.
Wir sind jedoch fähig,
eine bewusste Wahl zu treffen,
um unserem Leben die gewünschte
Richtung zu geben.

Die Wahl zu haben, ist eine der großen Gaben unseres Geistes, denn indem wir wählen, erzeugen wir unsere Erfahrungen und auf der tiefsten Ebene sogar unsere Wirklichkeit. Der Geist trifft ununterbrochen eine Wahl darüber, was wir wollen. Wir treffen unsere Wahl im Bruchteil einer Sekunde und vergessen sie möglicherweise ebenso schnell. Wenn sich dann negative Folgen einstellen, ignorieren wir, dass wir es waren, die sich dafür entschieden haben. Wir leugnen nicht nur, dass wir die Wahl getroffen hatten, wir leugnen sogar, dass wir überhaupt die Möglichkeit hatten zu wählen. Das macht uns zu armen Pilgern durch das Leben, die jegliches nur denkbare Missgeschick und jegliches ungute Abenteuer zu sich einladen. So bringen wir uns selbst in eine schwache und reaktive Position, in der wir uns die Macht der Wahl selbst streitig machen.

Unser Geist ist voll von fruchtlosen Gedanken und Wünschen, die Einfluss auf unsere Welt nehmen. Auch sind da viele widersprüchliche Wünsche, die wir hübsch unterhalb des Bewusstseins halten. Ihre Wirkung auf uns ist umso größer, denn sie nähren entweder einen inneren Konflikt oder sorgen durch ihre Gegensätzlichkeit sogar für eine vollständige Blockade. Wir sind jedoch fähig, eine bewusste Wahl zu treffen, um unserem Leben die gewünschte Richtung zu geben. Wir können tatsächlich auch in jenem Bruchteil einer Sekunde eingreifen, in dem wir, von selbstzerstörerischen Plänen und Strategien erfüllt, falsche Entscheidungen fällen, und stattdessen eine andere, viel bessere Wahl treffen. Es ist uns gegeben, unsere widersprüchlichen Wünsche zu integrieren und den Menschen zu vergeben, auf die wir unsere verborgenen, gegen uns selbst gerichteten Angriffe und die verborgenen Bestandteile unserer widersprüchlichen Wünsche projizieren. Am offensten ist unser Geist, wenn wir abends zu Bett gehen oder morgens aufstehen. Zu diesen Zeiten sind wir weniger abgelenkt und eher fähig, eine für unser Leben gute Wahl zu treffen. Wenn uns oder den Menschen in unserem Umfeld etwas Negatives oder etwas Unglückliches zustößt, dann können wir uns neu und diesmal für das Glück entscheiden, statt für das schmerzhafte Ereignis, von dem wir auf irgendeine seltsame Weise glaubten, es würde uns glücklich machen. Da es viele übereinander liegende Schmerzschichten geben kann, die ein und dasselbe Problem hervorrufen, müssen wir uns möglicherweise jedes Mal, wenn wir an dieses Problem denken, erneut positiv entscheiden. Das ist noch immer wirkungsvoller als all die Besorgnis und Depression, für die wir schließlich teuer bezahlen.

Übung

Wählen Sie heute ein Leben um des Glückes willen und bitten Sie Ihren höheren Geist um Führung. Jedes Mal, wenn Sie daran denken, entscheiden Sie sich für Ihr Glück. Wenn sich etwas Schmerzhaftes oder Negatives ereignet, dann machen Sie sich klar, dass es mit Ihren eigentlichen Wünschen nichts zu tun hat und dass es auf irgendeine Weise eine Strategie enthält, die Sie nicht zu Ihrem Glück führt. Das ist es nicht, was Gott für Sie plant, noch ist es das, was Sie selbst sich wünschen – es ist einfach nicht die Wahrheit. Bitten Sie um Führung und treffen Sie immer wieder neu eine Wahl für Ihr Glück.

34. Angst auflösen

Angst kann aufgelöst werden
durch Liebe, Verbundenheit,
Verständigung, Vergebung,
Bereitwilligkeit, Loslassen,
Zuversichtlichkeit, Vertrauen,
Integration und Hingabe.
Wenn wir die Verantwortung
für unsere Gedanken übernehmen,
machen wir den ersten großen Schritt,
um unsere Angst aufzulösen.

Angst ist eine der Hauptwurzeln jedes Problems. Sie ist eine lähmende Illusion, die auf verlorener Bindung beruht. Wie alle Gefühle kommt auch Angst aus unserem Inneren und existiert nicht außerhalb von uns. Sie hat ihren Ursprung in Trennung, Autoritätskonflikt, aggressiven Vorstellungen und der Trauer, die wie ein tiefer Brunnen in uns allen vorhanden ist. Angst macht jeden Menschen zu einem Fremden und zu einer Bedrohung. Sie kann aufgelöst werden durch Liebe, Verbundenheit, Verständigung, Vergebung, Bereitwilligkeit, Loslassen, Zuversichtlichkeit, Vertrauen, Integration und Hingabe. Angst hält uns von der Erkenntnis fern, dass der nächste Schritt in unserem Leben ein Schritt nach vorn ist – hin zu Erfolg und Nähe. Angst macht uns klein und lässt uns annehmen, dass wir allein sind. Wie alle negativen Gefühle ist Angst ein Mittel, uns glauben zu machen, dass wir einen Fehler begangen haben.

Angst entsteht, weil wir unserer eigenen Energie Widerstand entgegenbringen. Sie ist der Versuch, die Energie, die in uns aufwallen und das Leben aufregend machen möchte, zu blockieren. Angst hat ihren Ursprung außerdem in den Verurteilungen und Angriffen, die wir im Geiste gegen andere richten. Erst wenn wir die Verantwortung für unsere Gedanken übernehmen, machen wir den ersten großen Schritt, um unsere Angst aufzulösen. Angst ist eine Reaktion auf die Verfassung unserer inneren Welt, eine Wahl, die dort, im eigenen Inneren, getroffen wird. Die Erkenntnis, dass wir für all unsere Gefühle selbst verantwortlich sind und sie folglich auch verändern können, ist von großer Tragweite. Wenn wir mutig Risiken eingehen, dann sind wir fähig zu klären, was uns Angst einjagt, und legen damit die Quelle unserer Angst trocken. Sich dem zu stellen, was uns Angst macht, dem Leben Vertrauen zu schenken, zuversichtlich in die Zukunft zu schauen oder etwas Vergangenes aufzulösen, das uns Angst vor der Zukunft einflößt, sind die richtigen Mittel und Wege. Um Angst aufzulösen, legen wir unsere Zukunft in die Hände Gottes oder entscheiden uns bewusst dafür, unser negatives Denken einzustellen, um unseren Angriffen auf uns selbst ein Ende zu setzen. Auf der tiefsten Ebene fürchten wir uns nicht nur vor negativen, sondern auch vor positiven Ereignissen. Das Ego bezieht seine Kraft aus der Angst und ist folglich nicht daran interessiert, sie wirkungsvoll zu bekämpfen. Unsere Hauptängste beziehen sich auf unseren Lebenssinn: auf Liebe, Tod, Schicksal, Erfolg oder Misserfolg, das Dahinschmelzen des Selbstes und auf Gott. Wir müssen unsere Ängste auflösen, bevor wir echte Fortschritte machen können. Wir sollten unseren höheren Geist darum bitten, die Angst mit der Wurzel auszureißen, statt nur die Symptome des Problems zu bekämpfen.

Übung

Nachfolgend weitere Methoden, die der Auflösung von Angst dienen.

1. Stellen Sie sich vor, dass Gott in allem, was Sie tun, neben Ihnen ist. Spüren Sie, dass seine Gegenwart an Ihrer Seite jegliche Ängste beseitigt.
2. Spüren Sie die Angst, und begeben Sie sich vollständig in sie hinein, bis sie sich auflöst. Öffnen Sie sich allen weiteren aufkommenden Gefühlen, bis Sie Ihren inneren Frieden finden.
3. Stellen Sie fest, wo in Ihrem Körper der Energiefluss blockiert ist. Dort können Sie Ihr Angstgefühl lokalisieren. Indem Sie Ihre Aufmerksamkeit auf diesen Ort in Ihrem Körper richten, setzen Sie die Energie, die sich dort angestaut hat, frei, und die Blockade löst sich langsam auf. Sie haben sogar die Möglichkeit, die Blockade gänzlich zu beseitigen, da sie lediglich Ausdruck Ihres Widerstands gegen einen freien Energiefluss in Ihrem Körper ist. Statt Ihnen Angst zu machen, wird die frei durch Ihren Körper fließende Energie Sie aufs Äußerste beglücken.

35. Der höhere Geist

Wenn wir darum bitten,
kümmert sich unser höherer Geist
um die Angst an der Wurzel
unseres Problems und bewirkt so
deren Auflösung.
Ein Leben zu führen, in dem unser
höherer Geist das Sagen hat,
bedeutet Gnade und Leichtigkeit
auf einer Ebene jenseits
der Verstandestätigkeit,
in einem Zustand größten Glücks.

Unser höherer Geist ist der kreative Quell zwischen Gemüt und Verstand. Er führt uns Gnade zu und ist eine Schatztruhe voller Antworten. Seine Aufgabe ist es, uns zu helfen und zu heilen, uns von den nutzlosen Strategien des Egos mit seinen Verzögerungstaktiken, Ablenkungsmanövern und Versuchungen wegzuführen, hinaus auf den Pfad der Wahrheit. Wenn wir darum bitten, kümmert sich unser höherer Geist um die Angst an der Wurzel unseres Problems und bewirkt so deren Auflösung. Indem wir uns mit anderen Menschen verbinden, verbinden wir uns partnerschaftlich auch mit unserem höheren Geist und umgekehrt. Dies befreit uns von einer ungesunden Unabhängigkeit, von der Trennung, die ihr auf dem Fuße folgt, und von der Vorstellung, dass wir alles allein erreichen müssen. Es handelt sich hierbei um Strategien des Egos, die unsere Ängste, Schuldgefühle und Schmerz verdecken und kompensieren, uns im Tausch dafür jedoch unfähig zu empfangen machen und somit nichts als Stress zumuten.

Indem wir über falsche Unabhängigkeit hinauswachsen, verlassen wir uns natürlicherweise mehr und mehr auf den Himmel und uns selbst. Ein Leben zu führen, in dem unser höherer Geist das Sagen hat, bedeutet Gnade und Leichtigkeit auf einer Ebene jenseits der Verstandestätigkeit, in einem Zustand größten Glücks. Unser höherer Geist gibt uns bereitwillig die Antworten, wenn wir ebenso bereitwillig die Pläne, Wünsche und Abwehrhaltungen aufgeben, die alle zur Strategie des Egos gehören, Verzögerung und Fehlschlag herbeizuführen. Der höhere Geist bewirkt eine sofortige, angemessene Lösung all unserer Probleme, sobald wir nur bereit sind. Er weist den Weg heraus aus Angst, Schuld und zahllosen Konflikten. Unser aller Entwicklung geht dahin, dass wir unser Leben zunehmend auf den Inspirationen des höheren Geistes aufbauen und dies als unsere wahre Identität begreifen.

Übung

Bitten Sie darum, Anschluss an Ihren höheren Geist und seine Macht zu finden. Erforschen Sie diesen zentralen Aspekt Ihrer selbst. Bitten Sie Ihren höheren Geist, Ihre Angst im Zusammenhang mit einem Ihrer Probleme an der Wurzel auszureißen. Wenn es in unserem Leben darum geht, das Leben aus der Perspektive des höheren Geistes zu erfahren, dann ist es naheliegend, diesen Aspekt unserer selbst gründlich zu untersuchen.

36. Lebenszweck

Bestandteil eines
umfassenden Plans zu sein,
befreit uns selbst
und heilt die Welt.
Das Maß, in dem wir
für die Erfüllung unseres
Lebenszwecks leben,
ist das Maß, in dem wir
uns glücklich und erfüllt
schätzen dürfen.

Jeder Mensch hat einen Lebenszweck. Ihm liegt ein uns gegebenes Versprechen zugrunde, ein Akt der Liebe, und er verschafft uns, unseren Mitmenschen und der Welt um uns herum Geschenke dieser Liebe. Unser Lebenszweck ist einer der Hauptgründe für unser Hiersein. Bestandteil eines umfassenden Plans zu sein, befreit uns selbst und heilt die Welt. Das Maß, in dem wir für die Erfüllung unseres Lebenszwecks leben, ist das Maß, in dem wir uns glücklich und erfüllt schätzen dürfen.

Einerseits erfüllen wir in den verschiedenen Phasen unseres Lebens jeweils einen besonderen Lebenszweck. Andererseits aber gibt es einen allgemeinen Lebenszweck, der uns das ganze Leben hindurch begleitet. Uns allen ist das Ziel gemeinsam, glücklich zu sein und Heilung zu suchen. Neben dem übergeordneten Ziel, bei der Heilung der Welt mitzuhelfen, existiert ein ganz persönliches Ziel für uns, das einzigartig ist. Im Erfahrungsraum der Familie, in der wir aufgewachsen sind, liegen die Herausforderung und das Potenzial unseres ureigenen Lebenszwecks. Indem wir die uns mitgegebenen Gaben, mit denen wir unsere Familie befreien können, rückhaltlos annehmen, heilen wir die zahlreichen familiären Ego-Fallen und finden wir Lösungen für kritische Lagen. Auf der jetzigen Stufe in der Entwicklung des Mensch-Seins herrscht ein solcher Mangel an Bewusstheit gegenüber der Bedeutung und Dynamik der Familie, dass die überwiegende Mehrheit von uns in funktionsgestörten Familien aufwächst. Der in unseren Familien erzeugte Schmerz ist eine der wirksamsten Verschwörungen, die unser Ego anzettelt, um unseren Lebenszweck vollständig vor uns zu verbergen. Wenn wir begreifen, wie Familie funktioniert, dann erkennen wir, dass sich unter dem familiären Schmerz und Groll die Gaben verbergen, die wir mitbekommen haben, um uns und unsere Angehörigen von ebendiesem Schmerz und Groll zu befreien. Die Gaben, die wir mit unseren Familien entdecken und entwickeln, dienen zugleich der Befreiung der Welt.

Die Hauptdynamik der größten Falle in unserem Leben ist die Angst vor unserem Lebenszweck und der Wunsch, sich davor zu verstecken. All unsere Probleme, insbesondere die familiären und die chronischen, sind nichts weiter als Ausflüchte, die darüber hinwegtäuschen sollen, dass wir nicht für die Erfüllung unseres Lebenszwecks leben und inneres Wachstum verweigern. Wir alle fürchten uns vor unserem Lebenszweck, der uns doch Erneuerung und Verwandlung ermöglichen könnte. Wir haben Angst vor unserer Vision, vor unseren Stärken und vor der Freiheit, denn sie alle zwingen uns, für uns selbst einzustehen, ansprechbereit für das Leben zu sein, zu helfen und etwas zu verändern. Wenn wir jedoch erkennen, dass eigentlich nicht wir unseren Lebenszweck erfüllen müssen, sondern vielmehr durch ihn erfüllt werden, dann verringert sich die Angst vor ihm, auf die das Ego baut. Sobald uns klar wird, dass unser Lebenszweck ebenso viel mit Geschehenlassen wie mit Tun zusammenhängt, können wir uns entspannen und zulassen, dass unser Lebenszweck durch uns unter Beisteuerung unserer Bereitwilligkeit erfüllt wird. Für die Erfüllung des eigenen Lebenszwecks zu leben ist der Weg der Gaben und der Vision, der für uns alle eine Zukunft bereithält.

Übung

Machen Sie es sich zur Aufgabe, heute Ihr Leben zu überprüfen. Welcher Probleme und Fallen bedienen Sie sich, um sich von Ihrem Lebenszweck fern zu halten? Welche Beziehungen haben Sie dazu missbraucht, um sich der Erfüllung Ihres Lebenszwecks zu entziehen? Seien Sie bereit, Ihre Fallen und Anhaftungen loszulassen. Verschreiben Sie sich Ihrem Lebenszweck. Kultivieren Sie in sich den Wunsch, Ihren Lebenszweck kennen zu lernen und dafür zu leben, und Sie werden einen besseren Zugang zu sich selbst und Ihr Glück finden, wenn Sie das Versprechen Ihres Lebens halten.

37. *Sinn*

Sinn nährt Leben –
er ist für uns überlebenswichtig.
Sinn hat seinen Ursprung
in der Liebe und darin,
dass wir uns selbst
ohne Erwartungen geben.

Sinn nährt Leben – er ist für uns überlebenswichtig. Ohne Sinn fallen wir der Versuchung des Todes anheim, die mit zunehmender Sinnlosigkeit immer größer wird. Es gibt zweierlei Arten Sinn: jenen, der unserem Ego entspringt und seinen Sonderweg, sein Überlegenheitsgefühl und seine Abgetrenntheit untermauert, und jenen, der unserem höheren Geist entspringt. Der auf das Ego zurückgehende Sinn wird uns immer mehr im Stich lassen, wird uns Enttäuschung, Frustration, Desillusionierung und zerbrochene Träume bescheren. Der höhere Geist hingegen versorgt uns mit einem Sinn, der uns erhält, weiterbringt und sich ständig fortentwickelt – hin zu einer Ebene, die unser Hineinwachsen in die Bereiche höherer Wahrheit und Liebe ermöglicht.

Unsere Urerfahrung in der Welt ist Sinnlosigkeit, und da wir dies nicht ertragen können, versehen wir unsere Existenz eiligst mit einem Sinn. Wenn dieser Sinn uns nicht nährt und unser Herz zerbricht, verfallen wir wieder der Sinnlosigkeit. Fragen wir aber unseren höheren Geist nach dem wahren Sinn, dann teilt er ihn uns nicht nur mit Worten mit, sondern schenkt uns außerdem die Gnade, die Energie der Worte zu spüren. Wenn wir unseren höheren Geist beispielsweise fragen: »Welchen Sinn hat meine Existenz in der Welt?«, dann könnte er antworten: »Glücklich zu sein!« und die Worte zugleich mit dem dazugehörigen Glücksgefühl ausstatten. Besteht danach noch ein Rest von Sinnlosigkeitsgefühl fort, dann müssen wir nur darum bitten, dass unser Leben weiter von Sinn erfüllt werden möge. Sinn hat seinen Ursprung in der Liebe und darin, dass wir uns selbst ohne Erwartungen geben.

Übung

Stellen Sie Ihrem höheren Geist häufig und immer dann, wenn Sie ein Gefühl von Sinnlosigkeit überkommt, die Frage: »Welchen Sinn erfülle ich in dieser Welt?«

38. *Integrität*

Jegliche Höherentwicklung
ist auch eine Weiterentwicklung
von Integrität. Wir übernehmen
die Verantwortung für das,
was uns in der Welt geschieht,
als eine Spiegelung unserer
Beziehung zu uns selbst,
zu anderen und zu Gott.

Integrität ist unsere Ganzheit, die uns zu unbeirrbarem, wahrhaftigem Handeln veranlasst. Integrität fördert unsere Partnerschaft und macht uns empfänglich. Je mehr Integrität und Mut wir besitzen, desto mehr verfügen wir auch über Vertrauen und den damit einhergehenden Frieden. Unsere Integrität stärkt uns und macht es uns leicht, zu anderen Menschen in eine partnerschaftliche Beziehung zu treten. Je integrer wir sind, desto zuverlässiger und vertrauenswürdiger werden wir. Jegliche Höherentwicklung ist auch eine Weiterentwicklung von Integrität. Ohne Integrität gibt es kein Genießen, sondern nur Schwelgerei, die ebenso große Opferbereitschaft als Gegengewicht fordert – ein endloser Teufelskreis. Integrität bleibt auch dann noch unser vorrangiges Ziel, wenn wir bereits einen Großteil unseres gespaltenen Geistes und unserer widersprüchlichen Ziele integriert haben. Wir bewahren uns ein hohes Bewusstheitsniveau, um nicht spontane Entscheidungen zu treffen, die unseren bewussten Zielsetzungen entgegenstehen, und sie anschließend vor unserem Bewusstsein zu verbergen. Wir erkennen, je verständiger wir auf unsere Umwelt reagieren, desto förderlicher für uns sind die Reaktionen, die zu uns zurückkommen. Wir übernehmen die Verantwortung für das, was uns in der Welt geschieht, als eine Spiegelung unserer Beziehung zu uns selbst, zu anderen und zu Gott. Integrität ruft wiederum Integrität hervor. Für gewöhnlich befindet sich unser Partner auf der gleichen Integritätsebene wie wir selbst, auch wenn das Maß an Integrität sich in einzelnen Bereichen wie etwa in der Sexualität oder in der Emotionalität unterscheiden mag. Da wir noch nicht erleuchtet sind, können wir alle in unserer Integrität noch wachsen. Dieses Wachstum gelingt, indem wir uns Integrität wünschen und uns ausdrücklich für sie entscheiden, indem wir innere Konflikte integrieren und äußere Konflikte heilen in dem Wissen, dass sie die inneren widerspiegeln.

Übung

Erstellen Sie eine Liste Ihrer wichtigsten Lebensbereiche, und stellen Sie fest, wie hoch das Maß Ihrer Integrität in jedem dieser Bereiche ist. Zum Beispiel:

- Geld
- Steuern
- Zeit
- Sexualität
- Gefühle (Verzicht auf Kontrolle und emotionale Erpressung)
- Verhalten
- Aufrichtigkeit gegenüber sich selbst
- Beruf
- Beziehung

Bei den Bereichen, in denen Sie sich keine hundertprozentige Integrität zuschreiben, fragen Sie sich, ob Sie mit diesem Zustand zufrieden sind. Stellen Sie fest, inwieweit Sie vielleicht als Folge einer Form des Nehmens oder eines Mangels an Integrität, in eine Opferrolle geraten und unfähig zu empfangen sind. Streben Sie eine neue Ebene von Integrität an, und verbessern Sie sich in den Bereichen, in denen es Ihnen noch daran mangelt.

39. *Gaben annehmen*

In uns sind genau jene Gaben,
die erforderlich sind,
um das Leben zu einer
wunderbaren Erfahrung
zu machen und jedes nur
denkbare Problem zu lösen.
Wir verfügen über alles Notwendige,
um jeder Herausforderung
gewachsen zu sein.

Unter all unseren Problemen, unter dem ganzen Groll und Schmerz befindet sich eine Gabe, die wir auf der Seelenebene in die Welt mitbringen, und die nur darauf wartet, bedingungslos angenommen zu werden. Sie mit anderen zu teilen, gibt dem Leben Fülle, Freude und wirklichen Wert. Denn dies ist die einfachste Möglichkeit, Probleme zu heilen: Nimm die Gabe an, die sich hinter jedem Problem verbirgt und die vom Ego dazu missbraucht wird, es auf einer bestimmten Ebene zu verteidigen. Das allein bewirkt den Kollaps des Problems. Wir treten ins Leben, gerüstet mit Gaben, um eine leidende Welt zu heilen. In uns sind genau jene Gaben, die erforderlich sind, um das Leben zu einer wunderbaren Erfahrung zu machen und jedes nur denkbare Problem zu lösen. Wir verfügen über alles Notwendige, um jeder Herausforderung gewachsen zu sein. In uns tragen wir die Gabe unseres Lebenszwecks, den wir zum Wohl der Welt einsetzen, zunächst aber mit den uns nahe stehenden Menschen teilen sollen. Im Teilhabenlassen geliebter Menschen an unseren Gaben befreien wir sie, wie wir es versprochen haben, von ihren Ego-Fallen. Indem wir sie vor Schmerzen bewahren, ersparen wir uns die Übernahme ihres Leidens, das sonst in Ermangelung von Heilung immer weitergegeben würde. Das Teilhabenlassen an inneren Gaben ist eine der einfachsten Methoden, um noch so tief verwurzelte Leidensmuster zu heilen. Je größer das Problem ist, desto größer ist auch die Gabe, die das verschwörerische Ego unter dem Problem verbirgt. Wir müssen uns lediglich unserer Gaben bewusst werden und erkennen, dass es in jeder negativen Situation das ideale Gegenmittel in Form einer Gabe in uns gibt – ein Geschenk des Himmels, das nur darauf wartet, uns beglücken zu dürfen.

Übung

Denken Sie an eines der Probleme, mit dem Sie im Augenblick ringen. Es dient der Verweigerung einer Ihrer inneren Gaben und als Ablenkung von ihr. Wie groß Ihr Problem auch sein mag, die innere Gabe hinter ihm hat dieselben Dimensionen. Stellen Sie sich vor, wie Sie in Ihrem Geist eine Tür öffnen und die Gabe bedingungslos annehmen.

- Um welche Gabe handelt es sich?
- Wie fühlt es sich an, sie zu besitzen?
- Lassen Sie nun auch die beteiligten Menschen an dieser Gabe teilhaben. Welche Wirkung hat dies auf die Situation?

Falls das Problem damit noch nicht gelöst scheint, dringen Sie tiefer in Ihren Geist ein, und öffnen Sie dort die Tür, hinter der die diesem Problem zugehörige Gabe versteckt ist.

- Öffnen Sie die neue Tür und nehmen Sie die Gabe an.
- Welche Gabe könnte der Himmel Ihnen zuteil werden lassen, um Ihnen in dieser Situation zu helfen?
- Nehmen Sie die Gabe an, und teilen Sie sie mit anderen, um sie für sich und andere noch zu steigern.

Nun blicken Sie zurück in eine Zeit großen Schmerzes, etwa als Sie sich durch einen anderen Menschen verletzt fühlten.

- Welche Gabe haben Sie diesem Menschen versprochen?
- Gehen Sie in sich, und finden Sie die Tür, hinter der die Gabe auf Sie wartet. Öffnen Sie die Tür, und nehmen Sie die Gabe an.
- Sehen Sie sich selbst, wie Sie die Gaben verteilen, die jeder in dieser Situation braucht.
- Wie reagiert die beteiligte Person auf Sie?
- Welche Gaben hält diese Person im Gegenzug für Sie bereit?
- Welche Gaben wird der Himmel durch Sie an diesen Menschen weitergeben?
- Welche Gaben wird der Himmel durch diesen Menschen an Sie weitergeben?
- Geben und empfangen Sie jetzt all diese Gaben.
- Wie verändert sich die Situation nun, da die Gaben verteilt und empfangen sind?

40. Schuld loslassen

Schuld loszulassen heißt,
uns selbst von allen Angriffen
gegen uns selbst zu befreien,
denn wann immer wir uns
schuldig fühlen, bestrafen wir
uns selbst, oder wir lassen uns
durch andere bestrafen.
Indem wir unsere Schuldgefühle
loslassen und die Tatsache
unser Unschuld anerkennen,
werden wir vollkommen erneuert
und die Welt mit uns.

Schuld loszulassen heißt, uns selbst von allen Angriffen gegen uns selbst zu befreien, denn wann immer wir uns schuldig fühlen, bestrafen wir uns selbst oder wir lassen uns durch andere bestrafen. Schuldgefühle sind ein äußerst primitiver psychologischer Mechanismus und im höchsten Maß destruktiv. Wir projizieren unsere Schuldgefühle und unser Bedürfnis nach Strafe auf andere Menschen und auch auf Gott, die höchste Form von Liebe im Universum. Schuld ist eine Illusion, die wir einsetzen, um uns vor der Angst vor dem nächsten Schritt zu schützen. Außerdem benutzen wir unsere Schuldgefühle als Hinterhalt, von dem aus wir Gott angreifen.

Schuldgefühle sind prioritär für das Ego, um sich selbst zu stärken, ins Rampenlicht zu schieben und seine Distanz zu allem anderen zu bewahren. Schuld liegt Wertlosigkeit, Würdelosigkeit, Versagen, Selbstangriff, Verurteilung, Schuldzuweisung und Opferverhalten zugrunde. Wenn wir Schuldgefühle empfinden, dann bestrafen wir uns selbst, statt den Fehler zu korrigieren und die Lektion zu lernen. Schuldgefühle sind der Sekundenkleber des Lebens, und wir verwenden ihn, um unsere Blockierung zu zementieren. Sie liefern uns die Ausrede, um unsere Entwicklung nicht mehr zu forcieren, und sie sind die Hauptursache für Opferverhalten und Versagen. Wir benutzen Schuldgefühle, um uns hinter ihnen zu verstecken und uns klein zu halten, damit wir nicht hervortreten, unsere Großartigkeit und unseren Lebenszweck annehmen müssen. Unsere chronischen Schuldgefühle sind ein Mittel, um uns an unseren Eltern, an unserem Partner und an Gott zu rächen, indem wir unser Leben in eine finstere Geschichte verwandeln und so tun, als sei Gott dafür verantwortlich. All die finsteren Geschichten, die wir leben, werden irgendwie zu unserem Beweis dafür, dass Gott schlecht ist und wir folglich besser sein müssen. Die Welt wird zum Paradebeispiel dafür, dass Gott die Menschheit nicht richtig hinbekommen und versagt hat. Daher haben wir nun Anspruch auf seinen Thron und die Herrschaft in seiner Schöpfung. So offenbart sich das Ego mit seiner dunkelsten Verschwörung.

Schuld hält uns ab von Erfolg, Gesundheit, Sexualität, Glück, Liebe und dem Wissen um uns selbst als Kind Gottes. Schuldgefühle sind Ausdruck unserer Arroganz, die zeigen, dass wir uns selbst für klüger halten als Gott. Schuld verlangt, dass wir uns als die verlorenen Kinder bestrafen, statt nach Hause zurückzukehren, um mit einem liebenden Vater zu feiern. Wir benutzen unsere Schuldgefühle, um uns und andere zu kontrollieren, und wenn wir durch andere kontrolliert werden wollen, dann finden wir jemanden, der uns schuldig spricht. Wenn wir Schuld einsetzen, um andere zu kontrollieren, dann sind Groll und emotionale Distanz unser Lohn. Wir gewinnen schließlich die Schlacht, verlieren aber den Krieg, denn Schuld als Mittel der Kontrolle funktioniert nur kurze Zeit. Indem wir unsere Schuldgefühle loslassen und die Tatsache unser Unschuld anerkennen, werden wir vollkommen erneuert und die Welt mit uns.

Übung

Lassen Sie sich heute Ihre eigene Vergebung zuteil werden. Sollten Sie meinen, sich nicht vergeben zu können, dann setzen Sie Ihre Schuldgefühle für einen falschen Zweck ein. Wenn Sie diesen falschen Zweck durchschauen, werden Sie feststellen, dass es sich um eine unangebrachte Strategie handelt, mit der Sie Ihr Glück bewirken wollen, ohne dass ihr jemals Erfolg beschieden sein könnte. Die Selbstbestrafung mit Schuldgefühlen, die Sie sich selbst zumuten, richtet sich auch gegen Menschen, die Sie lieben. Wenn Sie Ihre Schuldgefühle loslassen, werden Sie glücklicher und freier sein. Außerdem können Sie die geliebten Menschen befreien, indem Sie die Gültigkeit der Bindung wiederherstellen, die durch die trennende Wirkung der Schuldgefühle verloren gegangen war.

41. Freude

Freude, die ihren Ursprung
in Liebe und Verbundenheit hat,
ist unsere wahre Identität;
sie will mit anderen geteilt werden,
damit sie die tiefste Wirklichkeit
für uns und andere enthalten kann.
Alles andere ist schlichter Irrtum.

Zusammen mit Liebe, Kreativität und Beseeltheit ist Freude unsere tiefste Wirklichkeit. So oft haben wir Angst vor anderen und uns selbst, vor Gott, unserem Lebenszweck oder unserem Schicksal. Wir erfinden finstere Geschichten, konspirieren gegen uns selbst und greifen fortwährend nach dem, was glänzt, aber doch kein Gold ist. Es sieht so aus, als könnten wir uns nie aus unseren selbstgestellten Fallen befreien. Wir könnten fortwährend Freude empfinden, aber auf unserer Tagesordnung steht anderes. Wir leben Vorstellungen von uns selbst aus, die uns alle möglichen Handlungsweisen diktieren und uns Freude versprechen, ohne dieses Versprechen jemals einzulösen.

All unsere Überzeugungen, die unsere Wahrnehmung und unsere Welt bestimmen, haben ihren Ursprung in diesem negativen Selbstbild. Dabei könnte unser Leben von Freude erfüllt sein. Es steht uns frei, dieses Selbstbild mitsamt der dadurch auferlegten Opferhaltung aufzugeben. Wir könnten in einem Zustand fortwährender Gnade und unablässigen Staunens leben. Davon befreit müssten wir nichts verteidigen und keinen Widerstand leisten. Wir wären sicher und geheilt und empfänden uns selbst als Geist und Seele, statt uns ausschließlich mit unserem Körper zu identifizieren. Wir würden unversehrte Gemeinschaft und echte Verständigung mit anderen Menschen erleben. Freude, die ihren Ursprung in Liebe und Verbundenheit hat, ist unsere wahre Identität; sie will mit anderen geteilt werden, damit sie die tiefste Wirklichkeit für uns und andere enthalten kann. Alles andere ist schlichter Irrtum. Freude umgibt uns und erwartet von uns lediglich, dass wir uns freuen.

Übung

Wählen Sie für sich selbst am heutigen Tag die Freude. Jede Verstimmung, Angst oder Dringlichkeit ist ein Hinweis auf eine Bedürftigkeit, die auf einem falschen Selbstbild beruht. Befreien Sie sich heute davon. Spüren Sie, wie Sie sich ausdehnen, sobald Sie die Mauern Ihres Geistes eingerissen haben. Wählen Sie Freude. Wünschen Sie sich Freude. Seien Sie Freude. Verbinden Sie sich in Ihrer Freude mit anderen. Je mehr Verbundenheit Sie herstellen, desto mehr Freude empfinden Sie. Das ist es, was Sie durchdringt, wenn Sie erkannt haben, dass Sie Seele und Geist sind und nicht nur Körper. Empfinden Sie heute an allem Freude.

42. Kreativität

Kreativität erinnert uns daran,
dass es eine Kraft gibt,
die größer ist als wir selbst
und an der wir teilhaben können.
Sie hilft uns und anderen.
Kreativität ist unser Geschenk
der Liebe, das den Planeten
mit Schönheit und Licht erfüllt.

Kreativität ist eine Energie, erzeugt durch eine Liebe, die sich selbst gibt. Dies macht sie zugleich zu einer Gabe und einer Kraft. Kreativität ist eine der Gaben, die wir dem Schöpfer verdanken. Sie gibt unserem Leben Sinn und Erfüllung und hebt unser Bewusstsein auf übersinnliche Ebenen, die Inspiration und Intuition gedeihen lassen. Auf der höchsten Ebene ist Kreativität, wie auch das Visionäre, nichts, was wir tun, vielmehr ist es die Kreativität selbst, die uns lenkt. Abhängig von unserer Empfänglichkeitsebene und unserer Fähigkeit zur Selbsthingabe kommt sie freiwillig zu uns und durchströmt uns in einer künstlerischen Form. Wenn Kunst durch diese kreative Kraft inspiriert ist, dann kann sie den Betrachter oder Zuhörer in den gleichen visionären Zustand versetzen, den auch der Künstler erlebt hat. Kreativität fließt durch uns hindurch wie die Gnade, und wir fühlen uns auf einer Welle der Inspiration getragen. Wie Gnade und Inspiration wirkt Kreativität heilend und löst die Verteidigungsstrategien des Egos auf, mit denen es versucht, diese Energie zu blockieren. Kreativität erinnert uns daran, dass es eine Kraft gibt, die größer ist als wir selbst und an der wir teilhaben können. Sie hilft uns und anderen. Kreativität ist unser Geschenk der Liebe, das den Planeten mit Schönheit und Licht erfüllt, unser Leben erhöht und einen Fluss erzeugt, der unsere Mitmenschen einbindet.

Übung

Bitten Sie heute Ihren höheren Geist um Kreativität. Entscheiden Sie sich, offen zu sein für die kreative Kraft in Ihrem Leben, damit diese Kraft Sie selbst und andere heilt, indem sie Ihre kreative Gabe in die Welt bringt.

43. Hilfsbereitschaft

Hilfsbereitschaft vollbringt nicht nur
das Gute, das man anderen tut,
sondern darüber hinaus auch
Verbundenheit, indem Menschen
sich dabei einander zuwenden.
Jedes Aufeinanderzugehen
durch Hilfsbereitschaft spinnt
einen neuen Bindungsfaden.

Unser Leben unter dem Motto »Hilfsbereitschaft« zu leben, ist das Beste, was wir tun können. Hilfsbereitschaft ist ein natürlicher Bestandteil unseres Lebenszwecks. Indem wir anderen helfen, helfen wir uns selbst. Damit bringen wir unser eigenes Leben und das anderer in Fluss. Mit Hilfsbereitschaft ist weder eine Opferhaltung gemeint noch die Helferrolle, hinter der sich eine Form von Koabhängigkeit verbirgt und Angst vor Veränderung zum Ausdruck kommt. Hilfsbereitschaft vollbringt nicht nur das Gute, das man anderen tut, sondern darüber hinaus auch Verbundenheit, indem Menschen sich dabei einander zuwenden. Jedes Aufeinanderzugehen durch Hilfsbereitschaft spinnt einen neuen Bindungsfaden. Solche Bindungsfäden verbinden sich zu Garn, das Garn wird zu Seilen und schließlich zu festen Trossen. Tiefere Bindungen und ein größeres Freiheitsgefühl können entstehen. Allen Beteiligten fällt es leicht, sich Liebe zu erweisen, zum Erfolg beizutragen und weitere Hilfe zu spenden. Wenn Sie Hilfe leisten, dann kommen auch Sie automatisch in den Genuss des Nutzens, den Sie selbst bewirken. Außerdem macht uns unsere eigene Hilfsbereitschaft zugänglicher für die Hilfe, die wir irgendwann selbst benötigen. Hilfsbereitschaft öffnet uns der Inspiration, macht uns flexibel, für andere Menschen und für die Wahrheit zugänglich. Sie vermittelt uns ein gutes Gefühl, nicht nur, weil wir freundlich sind, sondern auch durch die Liebe, die wir empfinden, wenn wir die erforderliche Hilfestellung leisten können. Hilfsbereitschaft ist so einfach und gleichzeitig so überaus förderlich für unsere eigene Entwicklung und die anderer Menschen. Sie führt uns einen Schritt näher an den Zeitpunkt heran, da die Welt von nichts als Licht und Liebe erfüllt sein wird. Die Hilfe, die wir leisten, macht uns liebenswert. Jeder Beitrag, den wir zum Wohl eines anderen leisten können, stärkt unser eigenes Selbstgefühl.

Uns allen wird immer und überall Führung, Gnade und Hilfe zuteil. Sich der angebotenen Hilfe zu öffnen, beglückt uns so sehr, dass wir die empfangene Hilfe an andere weitergeben können.

Übung

Fragen Sie sich, wer heute Ihre Hilfe braucht. Hören Sie auf Ihre Inspiration, die Ihnen mitteilt, wie Sie helfen, was Sie dafür sagen oder tun sollen. Spüren Sie, wie Sie empfangen, indem Sie und Ihre Mitmenschen aufeinander eingehen. Gestatten Sie dem Himmel, durch Sie anderen zu geben.

Öffnen Sie sich heute für all die Hilfe, die zu Ihnen kommen will: durch andere Menschen und unmittelbar von Gott.

44. Macht

Alle wirkliche Macht kommt
von Gott und soll geteilt werden.
Wer versucht, Macht für sich allein
zu behalten, wird geschwächt.
Indem wir die Angst vor
unserer Macht entmachten,
öffnet sich unser Geist voller Kraft,
um unseren Lebenszweck
zu erfüllen und den Menschen
in unserem Umfeld zu helfen.

Macht ist die Ganzheit von Geist und Gemüt, die sich im Hinblick auf ein bestimmtes Ziel konzentriert. Macht ist nicht gleichbedeutend mit Dominanz, die ihren Ursprung in der Angst und Schwäche hat und andere Menschen zu unterwerfen und zu entkräften sucht. Macht erzeugt neue Macht. Wer Macht hat, ermächtigt auch andere. Alle wirkliche Macht kommt von Gott und soll geteilt werden. Wer versucht, Macht für sich allein zu behalten, wird geschwächt. Alles hingegen, woran wir andere teilhaben lassen, wird auch in uns selbst machtvoller. Nahezu jeder Mensch fürchtet sich vor seiner eigenen Macht. Aus diesem Grund neigen wir dazu, einander die Schuld zu geben, statt die Verantwortung für unser Leben und die von uns geschaffenen Situationen selbst zu übernehmen. Verantwortung vergrößert unsere Macht.

Verschwörungen sind Ego-Fallen, so raffiniert, dass aus ihnen scheinbar kein Entkommen möglich ist. Das Ego richtet sie ein, um unsere Großartigkeit, unseren Lebenszweck und unsere Macht zu leugnen. Unsere Macht soll uns und anderen Menschen dienen. Wir bringen fast all unsere Zeit mit Versteckspielen zu und versuchen, anderen und uns selbst etwas zu beweisen, woran wir selbst nicht hundertprozentig glauben. Wir beklagen uns darüber, dass wir schwach sind und nicht die Kraft haben, uns selbst oder andere zu befreien. Macht setzt der Zersplitterung unseres Geistes ein Ende und verbindet uns kraft Brüderlichkeit und Gleichheit mit unseren Mitmenschen. Macht erhebt uns und macht uns das Leben leichter. Sie kommt zu uns in dem Maße, in dem wir die Angst vor ihr verlieren. Unser Ego will sich durchsetzen, dominieren oder Aufmerksamkeit heischen, indem es Schwierigkeiten produziert. Es fürchtet sich vor der Macht, weil Macht Integration, Verbundenheit und Unteilbarkeit verlangt. Indem wir die Angst vor unserer Macht entmachten, öffnet sich unser Geist voller Kraft, um unseren Lebenszweck zu erfüllen und den Menschen in unserem Umfeld zu helfen.

Übung

Bitten Sie heute um die Macht, um Ihr Leben und das Leben derer, die Ihnen nahe stehen, leichter zu machen. Verschreiben Sie sich Ihrer Macht als der Wahrheit über Ihr Selbst. Die Macht, die Sie erfüllt, wird auch die Welt erfüllen.

45. *Visionäre Kraft*

Unsere Vision schenkt uns
Mut zur Kreativität,
sie zeigt uns die Wahrheit
und gibt uns die Sicherheit,
alle Oberflächlichkeiten aufzugeben,
die unserem Leben seine
Bedeutung rauben.
Sie gibt uns Macht und
einen Lebensmittelpunkt.

Visionäre Kraft ist die Frucht höheren Bewusstseins, durch die wir Inspiration für eine positive Zukunft empfangen. Sie zerbricht die alltägliche Gussform des Geistes, die nur Gedanken aus der Vergangenheit ausprägt und damit Trauer und Schuldgefühle mobilisiert – oder Ängste, wenn wir diese Gedanken auf die Zukunft projizieren. Unsere Vision schenkt uns Mut zur Kreativität, sie zeigt uns die Wahrheit und gibt uns die Sicherheit, alle Oberflächlichkeiten aufzugeben, die unserem Leben seine Bedeutung rauben. Sie gibt uns Macht und einen Lebensmittelpunkt. Schon in der Bibel heißt es, dass ein Volk ohne Vision untergehen muss. Ihre Impulskraft durchdringt unser Leben mit Sinn und gibt ihm eine Richtung. Mit gesteigerter kreativer Energie und geschärfter Wahrnehmung verwirklichen wir, was wir uns vorgenommen haben. Unsere positive Vision der Zukunft bereichert unser Leben und das der Menschen, in deren Mitte wir leben, indem sie unsere schöpferischen, heilenden Fähigkeiten zur Geltung kommen lässt und ein höheres Bewusstsein herbeiführt. Visionen initiieren den schamanischen, übersinnlichen und den magischen Geist, dessen Bewusstsein und Macht die gewöhnliche Wirklichkeit transzendieren, indem er die bekannten Naturgesetze aufhebt. Solche Visionen gestatten uns den Blick in eine Zukunft, die jenseits bestehender Paradigmen existiert. Sie gehen über den Geist eines Zeitalters hinaus, um den Weg zurück zu ganzheitlichem Wissen und einer Zukunft, die schon einmal gewesen ist, zu bereiten. Die spirituelle Vision unseres Lebens geht indessen sogar über schamanische Visionen, ja über alle Gesetze von Zeit und Raum hinaus. Sie öffnet uns für die Einheit, die eine Brücke von der Zeit zur Ewigkeit schlägt.

Übung

Manchmal kommt die Vision ohne unser Zutun zu uns, öffnet die Seelenebene des Geistes und verschafft uns Zugang zu ihren Gaben. Doch meistens bereiten wir uns durch Konzentration, Bitten, Empfänglichkeit, Selbsthingabe auf sie vor. Die visionäre Kraft dringt in uns ein wie der Blitz in den Blitzableiter und erfüllt unseren Heimweg mit neuem Licht und neuem Bewusstsein.

Bitten Sie heute um eine Vision. Öffnen Sie Ihren Geist. Geben Sie Ihr Herz vollständig hin und wagen Sie das Äußerste. Auf diese Weise können Sie durch Ihren eigenen erhöhten Bewusstseinszustand, der seinen Ursprung in Ihrer Liebe, Ihrem Geben und in Ihrer Bereitschaft hat, Geburtsort von Visionen zu sein, Ihre visionäre Kraft anlocken.

46. Zuversicht

Zuversicht schafft die Bereitwilligkeit,
die für die mühelose Entfaltung
eines Potenzials sorgt.
Zuversicht erzeugt eine Aura
des Erfolges und bewirkt,
dass Menschen sich gerne
und loyal zusammentun.

Wo Zuversicht, Glaube und Vertrauen wohnen, da gibt es keine Probleme. Zuversicht macht den nächsten Schritt möglich. Sie hebt Schwierigkeiten und Probleme auf in dem Wissen, dass es nichts zu befürchten gibt, sondern nur etwas, das um des Gelingens willen entwirrt werden muss. Zuversicht ist das innere Wissen um ein gutes Ende, der Glaube an sich selbst, das Potenzial der gegebenen Situation und an Gott. Zuversicht schafft die Bereitwilligkeit, die für die mühelose Entfaltung eines Potenzials sorgt. Zuversicht erzeugt eine Aura des Erfolges und bewirkt, dass Menschen sich gerne und loyal zusammentun. Zuversicht vermittelt positive Erwartung, die sich sogar noch auf jene Menschen überträgt, die gegen uns eingestellt sind. Damit schafft Zuversicht eine neue Verbundenheit und eine neue Ebene von Partnerschaft und Erfolg. Ein zuversichtlicher Mensch wirkt gewinnend auf andere, denn er ist ein Gewinner. Er wirkt attraktiv, aber nicht aufgeblasen. Weil neben der Zuversicht Sorgen und Ängste keinen Platz haben, können wir alles, was wir gerade tun, genießen. Zuversicht heißt, gesteckte Ziele werden trotz aller Hindernisse sicher erreicht. Zuversicht lässt die Ganzheit und Kraft des Geistes das Erforderliche tun und das Erreichbare erreichen.

Übung

Wenn Sie in Zuversicht leben, geleitet sie die Kraft Ihres Geistes an einen Ort des Vertrauens und der Ganzheit. Dies kann rasch oder langsam geschehen, abhängig von Ihren Ängsten und Ihren Überzeugungen in dem Bereich, in dem Sie Zuversicht aufbringen wollen. Verpflichten Sie sich Ihrer eigenen Zuversicht. Dieser Schritt führt Sie in tiefere Schichten des Friedens und des Gelingens.

47. Freiheit

Wenn wir uns selbst hingeben,
fühlen wir uns frei.
Wenn wir uns frei fühlen,
ist das Leben mühelos.
Freiheit lässt uns durchatmen,
lässt uns Luft und Raum,
um zu geben und zu empfangen.

Freiheit ist die Macht des inneren Ausdehnungsvermögens, die uns alle äußere Ausdehnung erlaubt, die wir uns wünschen. Freiheit ist ein Heilgeschenk, dass uns die Fesseln von Konflikt, Illusion und Schuld abstreifen lässt. Sie führt uns vom Gefälschten zum Echten. Freiheit macht alles einfach. Sie zeigt, dass die Wahrheit gegenwärtig ist und dass eine Verpflichtung eingegangen wurde.

Wenn wir uns nicht frei fühlen, dann wissen wir, dass es unserer Arbeit oder unserer Beziehung an Wahrhaftigkeit mangelt oder, was wahrscheinlicher ist, dass unsere Haltung beziehungsweise unsere Art der Beziehungsführung nicht aus echter Selbsthingabe erwachsen ist. Wenn wir uns selbst hingeben, fühlen wir uns frei. Wenn wir uns frei fühlen, ist das Leben mühelos. Freiheit lässt uns durchatmen, lässt uns Luft und Raum, um zu geben und zu empfangen. Freiheit bringt den Segen der Fülle, der Lebendigkeit und ungeahnter Möglichkeiten mit sich. Mit zunehmender Entwicklung und mit jeder weiteren Ego-Falle, die wir überwinden und die uns nicht aufzuhalten vermag, nimmt unser Freiheitsempfinden auf natürliche Weise zu. Während das Ego aus Enge und Beschränkung heraus handelt, entspricht vollkommene Freiheit der Erfahrung unseres höheren Geistes, auf den wir uns hinentwickeln. Freiheit ist ein Segen, denn sie stellt Gleichheit in Beziehungen her und hebt die Partner über die uralte Vorstellung hinaus, dass sich in jeder Beziehung einer der Beteiligten aufopfern muss. Freiheit ist die Antwort auf die verborgene Konkurrenzdynamik in der Opferrolle und straft sie Lügen. Gleichheit führt uns zurück zu wahrer Partnerschaft und lässt Verständigung und Bindung zu. Unglücklicherweise fürchten sich ebenso viele von uns vor Freiheit wie vor Verpflichtungen, Leichtigkeit und Wahrheit. Dass sich die meisten von uns wie gefangen fühlen, ist dafür ein Beweis. Wir leben mit gefälschten Formen von Freiheit, die wirkliche Freiheit gar nicht zulassen. Wir laufen vor unserer Freiheit davon, als sei sie etwas Beängstigendes. Nun ist es an der Zeit, unsere Freiheit anzunehmen und mit anderen zu teilen.

Übung

Untersuchen Sie die Bereiche, in denen Sie sich gebunden oder unfrei fühlen. Wenn Sie für Ihre Erfahrung Verantwortung übernehmen, dann erkennen Sie, dass es nicht andere sind, die Sie in diesen Bereichen binden und unfrei machen, sondern dass Sie sich lediglich vor Ihrer Freiheit fürchten.

- Was hat für Sie größere Bedeutung gewonnen als die Freiheit?
- Vor welcher Freiheit wollen Sie sich mit Ihrer Angst schützen?
- Was versuchen Sie anstelle Ihrer Freiheit von einem anderen zu nehmen?
- Welches Bedürfnis, befürchten Sie, könnte unbefriedigt bleiben, wenn Sie sich auf Ihre Freiheit einlassen?
- Welcher Pflicht, welcher Rolle oder welchen Opfers bedienen Sie sich aufgrund Ihrer Angst vor Freiheit?
- Vor welcher Freiheit fürchten Sie sich in Ihrer Beziehung, an Ihrem Arbeitsplatz oder in Ihrer Familie? Vor welchen Gefühlen fürchten Sie sich in dem jeweiligen Umfeld?
- Welchen Vorteil verschafft Ihnen Ihre Unfreiheit?
- Welche Ausreden ermöglicht sie Ihnen?
- Wenn Sie sich unfrei fühlen, was ist es, das Sie nicht geben wollen?
- Wenn Sie sich unfrei fühlen, was ist es, das Sie nicht empfangen wollen?
- An wem rächen Sie sich, indem Sie sich unfrei fühlen?

Nur Freiheit kann Sie glücklich machen. Wählen Sie für sich und für andere die Freiheit. Je mehr Freiheit Sie anderen Menschen gewähren, desto größer ist auch die Freiheit, derer Sie sich selbst erfreuen können.

48. Fülle

Die Fülle in uns
umfasst all die Gaben,
die potenziell in uns
vorhanden sind.
Sowie wir bereit sind,
die Tür zu diesen Gaben
zu öffnen, werden sie
sich manifestieren.

Fülle zu erfahren heißt, zu empfangen und sich an der Reichhaltigkeit aller Dinge zu erfreuen. Als Qualität ist sie Bestandteil unseres spirituellen Erbes, doch leider steht es uns frei, diese Energie unvernünftig und falsch anzuwenden und sie dadurch zu verschwenden. Wenn wir unser materielles Erbe verschleudern, bekommen wir Mangel zu spüren. Setzen wir indessen unsere Gedanken, Vorstellungen und Entscheidungen falsch ein, wird die Macht unseres Geistes auch in einer negativen Richtung Fülle produzieren. Haben wir die Energie der Fülle in die falsche Sache eingebracht, steht es uns jedoch immer noch frei, eine neue Wahl zu treffen. Wir können unseren Fehler erkennen, uns neu entscheiden und die Energie diesmal klüger einsetzen. Die Fülle in uns umfasst all die Gaben, die potenziell in uns vorhanden sind. Sowie wir bereit sind, die Tür zu diesen Gaben zu öffnen, werden sie sich manifestieren. Um sie jedoch annehmen zu können, müssen wir zunächst unser Kontrollbedürfnis aufgeben. Vier der größten Ängste in der menschlichen Psyche sind die Angst vor Kontrollverlust, vor dem Wegschmelzen des Egos, vor der Erfüllung aller Wünsche und vor Gott. Sie alle sind Ängste, die mit unserer Weigerung zu tun haben, unsere falschen Vorgehensweisen aufzugeben. Fülle bringt Muße und Reichtum, Zuversicht und Selbstachtung mit sich und erschafft einen Raum, der ein »leichtes Leben« ermöglicht. Wenn Fülle herrscht, dann hört das Schieben und Ziehen im Leben auf, und zurück bleibt nur der Frieden, in dem die Fülle ihren Ursprung hat. Fülle ist einer der Hauptschlüssel zu einem glücklichen Leben.

Übung

Befassen Sie sich heute mit der Frage, wie viel Fülle Sie in den einzelnen Bereichen Ihres Lebens zulassen: Geld, Zeit, Freundschaft, Liebe, Erfolg, Lernen, Spiritualität, Urlaub, Muße und Gesundheit. Untersuchen Sie in den Bereichen, wo Ihnen die Fülle fehlt, gegen wen Sie einen Groll haben, denn Groll blockiert Fülle. Nun entscheiden Sie sich, ob Sie diese Person weiterhin angreifen und sich selbst damit Schranken auferlegen wollen. Sollten Sie sich nicht mehr länger durch den Groll auf diesen Menschen fesseln lassen wollen, dann steht es Ihnen frei, die Gabe zu nutzen, die mit diesem Menschen zu teilen Sie gekommen sind, um Sie beide zu befreien. Wenn Sie Groll gegen einen Menschen hegen, dann handeln Sie sich mit Ihrem Groll dessen Problem ein. Für gewöhnlich ereignet sich diese Situation gerade dann, wenn diese Person Ihre Hilfe am dringendsten braucht, denn das ist der Grund, warum sie sich Ihnen gegenüber so verhält, wie es der Fall ist. Wenn es Ihnen gelingt, sich bewusst zu machen, wie viele Menschen in Ihrem Umfeld Ihre Unterstützung benötigen, dann können Sie viel Gutes tun. Wenn Sie darauf verzichten, sich selbst mit Ihrem Groll Fesseln anzulegen, dann haben Sie die Möglichkeit, sich selbst und auch dem anderen die Freiheit zu bringen. Öffnen Sie die Tür zu Ihrem Geist. Nehmen Sie die Gabe an und lassen Sie den anderen teilhaben.

49. Sexualität

Sex ist ein Heilgeschenk.
Die Innigkeit, Liebe, Zärtlichkeit,
Energie, Erregung und Süße,
die wir beim Sex miteinander teilen,
und der Spaß,
den wir gemeinsam haben,
kann die Qualität unseres Lebens
zutiefst beeinflussen.

Sexualität ist eine Form der Kommunikation, die, wie jede Art der Kommunikation, trösten, heilen, erneuern, bereichern und erfrischen kann. Beim Sex haben Sie die Möglichkeit, ein ausgezeichneter Liebhaber und Kommunikator zu werden, wenn Sie sich bewusst machen, mit wem Sie in Wirklichkeit Ihre Sexualität teilen.

Sexualität kann jedoch auch zu einem Schlachtfeld werden, auf dem um die Erfüllung von Bedürfnissen gerungen wird. Wenn es im Bett nicht funktioniert, dann müssen wir uns zunächst mit unseren eigenen Einstellungen und Überzeugungen auseinander setzen. Nicht selten wird Sex zu einer Form des Nehmens und der Bedürfnisbefriedigung, zu einer Art des Gebens, nur um zu nehmen. Sexualität kann sich in einen Kampf verwandeln, der uns Angriffe führen und Rückzüge in Kauf nehmen lässt, nur um die Oberhand zu gewinnen. Möglicherweise versuchen wir, aufgrund von Angst, Schuldgefühlen oder schmerzhaften Erfahrungen bzw. Überzeugungen aus der Vergangenheit, uns selbst oder unseren Partner im Bett zu kontrollieren. Dies kann so unterschwellig geschehen, dass es so aussieht, als hätte allein unser Partner ein Problem, während wir vollkommen unschuldig zu sein scheinen. Wenn in einer Partnerschaft scheinbar nur einer ein Problem hat, dann hat dieses doch immer in beiden seinen Ursprung, wenn es bei dem einen auch eher auf einer unbewussten Ebene zutrifft. Sex ist ein Heilgeschenk. Ihn als Mittel der Kontrolle einzusetzen, ist ein Missbrauch. Was wir missbrauchen, schädigt uns selbst. Und missbrauchte Sexualität wird nur zu leicht zu einer Quelle des Leids. Wenn solches Leid geschieht, dann bedient sich unser Ego oftmals der Strategie, Sex als unwichtig abzutun und die Verbindung zwischen Herz und Geschlecht zu kappen. Dies spaltet uns, es macht uns und andere zu Objekten. Wir müssen unser Herz zurückgewinnen und seine Verbindung zu unserem Geschlecht wiederherstellen.

Wenn es beim Sex nicht klappt, müssen wir prüfen, an wem wir uns zu rächen versuchen. Vielleicht müssen wir auch überprüfen, wie wir durch Sex unsere Besonderheit untermauern wollen, damit jedoch unseren Partner verunglimpfen. Wird Sex langweilig, könnte es mit dem Versuch zusammenhängen, ihn emotional sicher zu machen – durch Kontrolle über uns selbst oder über unseren Partner oder durch die Kontrolle, die wir diesem über uns einräumen. Achtsamkeit, Risikobereitschaft, Verständigung und Verbundenheit sind gute Mittel gegen Langeweile. Empfinden wir unsere Sexualität als tot, dann kann dies den Zustand unserer Beziehung widerspiegeln. Möglicherweise spielen wir nur Rollen oder bearbeiten ödipale Themen, haben wir den Wettstreit in den Mittelpunkt der Beziehung gerückt oder fürchten uns vor dem nächsten Entwicklungsschritt. Verständigung, Engagement, Bewusstheit und die Wahrheit sind dann gute Gegenmittel. Wenn unser Herz über sexuellen Problemen zerbricht, dann ist es Zeit, dass wir uns der Wiederherstellung der Verbindung zwischen unserem Herzen und unserer Sexualität widmen. Damit schaffen wir für uns die Chance, uns mehr in die Partnerschaft einzubringen und ein besserer Beziehungspartner zu werden. Ohne diesen Schritt bleiben wir von der Liebe abgeschnitten und finden niemals zu einer echten Partnerschaft. Sex hat großen Einfluss auf unsere Stimmung und kann uns rasch aufeinander folgende Gefühlsschübe gerade in den Bereichen, die wir zu heilen versuchen, bescheren. Die Innigkeit, Liebe, Zärtlichkeit, Energie, Erregung und Süße, die wir beim Sex miteinander teilen, und der Spaß, den wir gemeinsam haben, kann die Qualität unseres Lebens zutiefst beeinflussen.

Wir verfügen über die Energie, Schönheit, Intimität, sexuelle Erregung, Männlichkeit oder Weiblichkeit, Frieden, Heilung und Gnade, die unser Partner in der Sexualität mit uns sucht, und können ihm Liebe und Erfüllung schenken. Sex kann unsere Beziehungsfähigkeit und damit Spaß und Freude steigern. Wie wir unsere Sexualität leben, steht in direkter Beziehung zu unserer Lebensqualität und zum Drehbuch unseres Lebens. Unsere Sexualität spiegelt den Kern unseres Lebens und unserer Beziehungen. Wir leben in einer Zeit, in der die Bedeutung von Sex entweder maßlos übertrieben oder unterschätzt wird. Doch wer die ihm gemäße Form der Sexualität findet, findet auch zu echter sexueller Befriedigung. Trotz des Zeitgeists kann Sex eine wunderbare Form von Liebe, Vereinigung, Heilung und Spiel sein. Was immer Sex für Sie ist, Steigerungen sind möglich.

Übung

Lassen Sie im Zusammenhang mit Sex Schuldgefühle, Scham, Groll, Tabubrüche und alle Fehler, die Sie vielleicht einmal gemacht haben, los, denn sonst werden Sie Ihren gegenwärtigen Partner für Ihre eigene Vergangenheit bestrafen. Diese Gefühle festzuhalten, ist lediglich Ausdruck Ihres vergeblichen Versuchs, sich vor Ihren Ängsten zu verstecken, statt sie zu heilen. Wenn Sie Sex als Rückzugs- oder Angriffsmöglichkeit nutzen, dann bringen Sie sich selbst um eine gute Möglichkeit, Ihre Beziehung zu verwandeln und Ihren Partner zu beglücken. Falls Sie sich Ihrer Sexualität bisher entzogen haben, dann ist es jetzt vielleicht an der Zeit, auf einer neuen Ebene erneut Zugang zu ihr zu finden. Wenn Sie sich fürchten, Ihren sexuellen Gefühle die Schleusen zu öffnen, weil Sie meinen, Ihre Integrität zu verlieren, dann bitten Sie Ihren höheren Geist darum, Führung und Verantwortung zu übernehmen. Möge Sex zu einem freudigen Miteinander in Ihrem Leben werden, zu einer Basis, auf der Sie sich hingeben, sich mit Ihrem Partner und dem Himmel verbinden und gemeinsam Liebe und Gnade teilen können.

50. Verantwortlichkeit

Je mehr wir uns der
Verantwortung stellen,
desto stärker entwickeln wir uns,
desto leichter heilen wir,
steigern wir unsere Effektivität
und erfüllen wir unser Leben
mit Glück und Wirksamkeit
statt mit Unfällen, Opferungen
und unangenehmen
Überraschungen.

Dieses kraftvolle Prinzip beruht darauf, dass alles, was uns geschieht, das Resultat einer Wahl ist, die wir irgendwann einmal getroffen haben. Sie kann im Bruchteil von Sekunden getroffen worden sein, um dann wieder verdrängt zu werden. Mit jeder Wahl, die wir treffen, wollen wir unser Glück, doch oft sind uns dabei schwer wiegende Fehler unterlaufen.

Verantwortlichkeit will andere und uns selbst von Schuldzuweisungen und Schuldgefühlen befreien, indem wir zu hundert Prozent in die Verantwortung genommen werden. Das Ego ist der Ursprung allen Missgeschicks, weil es die Schuld bei anderen sucht und wenig oder gar keine Verantwortung übernimmt. Sobald uns Verantwortlichkeit nahe legt, dass nicht die *anderen* schuld sind, macht das Ego uns glauben, dass *wir* Schuld haben – eine ebenso unwahre, ungerechte und destruktive Unterstellung. Das Ego beruht auf Schuldgefühlen, Machtlosigkeit sowie darauf, entweder uns selbst oder andere zu Opfern zu machen. Es baut auf die schlechteste Verfassung, in der wir uns befinden können. Verantwortlichkeit aber gibt uns unsere Macht zurück – aber das geht nur, wenn niemand beschuldigt wird.

Aus den Ereignissen in unserem Leben können wir leicht ersehen, wie viel Angst wir vor unserer Macht, vor unserer Unschuld und vor unserer Freiheit haben. Das Ego bedient sich unserer Probleme, um uns auszubremsen und um unsere Gaben und unseren Lebenszweck herabzuwürdigen. Es zählt darauf, dahinter unsere Angst zu verbergen und gleichzeitig unsere Schuld abzuzahlen. Wenn wir unser Leben in Unschuld führen und unsere Beziehungen von Schuldzuweisungen frei halten, dann werden auch wir frei und verschwenden unser Leben nicht mehr länger mit dem Verweilen in Ego-Fallen aus Schuldgefühlen, Tadel oder Problemen, hinter denen wir uns verstecken.

Wir verbergen in der Regel jede Wahl, die wir in Bruchteilen von Sekunden treffen vor unserem Bewusstsein, und jede dieser auf falschen Annahmen beruhenden Entscheidungen erzeugt nichts als Probleme. Jedes Problem beinhaltet unterschiedliche Ebenen der Selbsttäuschung. Wenn wir eine Wahl treffen, die Probleme mit sich bringt, dann verfolgen wir damit möglicherweise die folgenden Ziele: Angriff auf uns selbst, Angriff auf andere, verzweifelte Bedürfnisbefriedigung, Vermeidung der Erfüllung unseres Lebenszwecks und unseres Schicksals, Versteckspielen vor uns selbst, jemandem eine Niederlage beizubringen oder Rache zu nehmen, Schuldgefühle abzugelten, uns selbst vor Angst zu schützen, an etwas festzuhalten, Kontrolle über uns oder einen anderen zu gewinnen, etwas beweisen zu wollen, zu versuchen, die Familie zu retten, und vieles andere. Je mehr wir uns der Verantwortung stellen, desto stärker entwickeln wir uns, desto leichter heilen wir, steigern wir unsere Effektivität und erfüllen wir unser Leben mit Glück und Wirksamkeit statt mit Unfällen, Opferungen und unangenehmen Überraschungen. Verantwortlichkeit ist ein echtes Heilgeschenk, und wer sie sich zu Eigen macht, der gewinnt die Macht, sich selbst und seine Welt zu verwandeln.

Übung

Sobald Sie aufhören, die Schuld bei anderen zu suchen, wird Ihr Ego Ihnen allein die Schuld geben. Diese Falle ist ebenso tückisch wie das Abschieben der Verantwortung auf andere. Nur wenn wir ganz und gar unschuldig sind, sind wir auch frei. Dann erst lernen wir die Lektion und können unsere Fehler korrigieren. Untersuchen Sie Ihr Leben auf der Basis, dass Sie für alle Wendungen, die es nimmt, die volle Verantwortung tragen. Stellen Sie sich vor, dass alles so geschehen ist, wie Sie es wollten. Wie kann das sein? Was wollten Sie erreichen? Welchen Zweck haben Sie mit dem Weg verfolgt, den Sie eingeschlagen haben? Wie haben Sie sich bestimmter Ereignisse bedient, um sich hinter ihnen zu verstecken? Wovor wollten Sie sich verbergen? Welche Begründungen hat Ihnen der Vorfall, welcher sie jetzt beschäftigt, geliefert, um die damit zusammenhängenden Entscheidungen so und nicht anders zu treffen? Akzeptieren Sie die Schuldzuweisungen Ihres Egos nicht, denn sie sind nur eine weitere Ausrede, um sich Veränderungen zu ersparen. Entscheiden Sie sich, die Verantwortung für Ihr Leben zu übernehmen. Korrigieren Sie frühere falsche Entscheidungen.

51. Unwiderstehlichkeit

Unwiderstehlichkeit ist ein Geschenk,
das anderen Menschen die Angst
nimmt und sie ihre Abwehrhaltung
aufgeben lässt. Charme überwindet
inneren Widerstand und erzeugt
die Bereitschaft sich einzulassen.
So ziehen wir andere Menschen
magisch an.

Unwiderstehlichkeit ist ein Geschenk, das anderen Menschen die Angst nimmt und sie ihre Abwehrhaltung aufgeben lässt. Charme überwindet inneren Widerstand und erzeugt die Bereitschaft sich einzulassen. So ziehen wir andere Menschen magisch an. Zusammen mit Integrität und visionärer Kraft ist sie das Kernstück wahrer Führungskunst. Sie lässt Menschen Machtkämpfe und Konkurrenzdenken aufgeben, weil sie mitreißend wirkt.

Ironischerweise findet sich verborgen hinter dem kindlichen Gefühl, nicht erwünscht zu sein, immer die Gabe der Unwiderstehlichkeit. Um diese wunderbare Gabe zunichte zu machen, errichtet unser Ego eine so kunstvolle Falle, dass wir meinen, dieser niemals wieder entkommen zu können. Wir, die vermeintlich Ungewollten, fühlen uns von beiden Elternteilen zurückgewiesen. Trotz scheinbar eindeutiger Beweise sind wir jedoch keineswegs die Zurückgewiesenen. Wie jeder andere Schmerz signalisiert auch diese vermeintliche Verstoßung eine falsche Wahrnehmung, die sehr wohl korrigiert werden kann, damit der Schmerz geheilt wird.

Wenn es dem Ego nicht gelingt, die Gabe der Unwiderstehlichkeit für seine Verschwörung zu missbrauchen, dann ermutigt es uns, sie zur Schwelgerei einzusetzen. Dann quält es uns mit Schuld- und Schamgefühlen und veranlasst uns, das Problem der Schwelgerei zu beseitigen, indem wir die dahinter verborgene Gabe missachten und sie wie das sprichwörtliche Kind mit dem Bade ausgießen. Doch jede falsch getroffene Entscheidung kann korrigiert und die Lektion gelernt werden! Und wenn wir über Achtsamkeit und Integrität verfügen, gehen wir unserem Ego gar nicht erst in die Falle und können unsere Unwiderstehlichkeit einsetzen, um Menschen aus ihrem Schmerz, ihrer Depression und ihren finsteren Geschichten zu befreien und wieder zurück ins Leben zu führen.

Übung

Nehmen Sie Ihre Unwiderstehlichkeit an. Spüren Sie Ihre Freude darüber, dass sie Ihnen heute zur Verfügung steht. Nun lassen Sie Ihre Mitmenschen daran teilhaben, insbesondere diejenigen, die Ihre Hilfe benötigen. Ihre Unwiderstehlichkeit wird sie aus ihrem Leid holen und zurück in den Fluss des Lebens locken.

52. Unschuld

Da wir unschuldig
erschaffen sind,
ist Unschuld unser
innerster Wesenskern.
Sie befreit Menschen aus
Sklaverei und Opferhaltung,
schafft Nähe und Gleichheit,
beendet Konkurrenzkampf
und Korruption.

Unschuld ist eines der großen Heilgeschenke. Es gebietet Selbstangriffen Einhalt, lockt Erfolg an, lässt Freude und glückliche Beziehungen zuteil werden und fördert Fülle. Unschuld hilft uns, die im Namen unserer Schuldgefühle errichteten Denkmäler einzureißen. Wir alle machen Fehler, und wir alle fühlen uns deshalb schuldig, aber Schuld ist nicht die Wahrheit. Sie ist ein Baustoff, der das Ego stabil und stark macht. Unschuld lernt alle Lektionen und korrigiert alle Fehler. Schuld hingegen verstärkt die gemachten Fehler noch und setzt in dem sinnlosen Versuch, die Schuld abzubezahlen, ein aus Problemen bestehendes Muster in Kraft, das die Schuld lediglich vergrößert.

Da wir unschuldig erschaffen sind, ist Unschuld unser innerster Wesenskern. Sie befreit Menschen aus Sklaverei und Opferhaltung, schafft Nähe und Gleichheit, beendet Konkurrenzkampf und Korruption. Weil Schuld und ihre Folgeerscheinungen in unserem Leben üppig wuchern, erinnern wir uns unserer Unschuld vor allem durch Vergebung und Selbstvergebung oder weil wir erkennen, dass wir bei unserer Geburt unschuldig waren. Denn wir können im Traume nicht ändern, wie Gott uns geschaffen hat. Je deutlicher wir uns unserer Unschuld bewusst werden, desto stärker entwickeln wir uns in Frieden, Arglosigkeit, Liebe und Fülle. Wie könnte es je Frieden geben, wenn wir unsere Unschuld nicht spürten?

Schuld ist ein heimtückischer Konflikt, der uns grausam zermürbt. Das geht bis hin zu schwelgerischen Selbstangriffen, die »Wutanfälle« genannt werden. Die meisten Menschen schlüpfen allerdings in die Rollen »gut«, »nett« und »liebenswürdig«, um ihre Schuldgefühle zu kompensieren. Rollenspiel jedoch führt zu Leblosigkeit, da ein Mensch, der eine Rolle spielt, nicht empfangen kann. Hinter der Fassade von Nettigkeit wabert unser Schatten: jene böse, schlechte und scheußliche Vorstellung von uns selbst, die nur eine Kompensation für unsere Unschuld und Gutartigkeit ist. Wir fürchten unsere Unschuld, weil sie in so großem Maß Macht, Wahrheit und Liebe erzeugt. Unsere Unschuld betrachtet auch die Welt als unschuldig. Sie befreit andere von ihrer Schuld, indem sie das Verständnis und das Mitgefühl hervorruft, die sogar Vergebung überflüssig machen. Wenn wir uns selbst als unschuldig empfinden, dann haben wir auch nicht das Bedürfnis, andere für ihre Fehler zu bestrafen – wir begreifen, sie brauchen lediglich unsere Hilfe.

Übung

Untersuchen Sie heute, womit Sie sich schlecht fühlen. Fragen Sie sich: Welchen Zweck hat es, wenn ich meine Schuldgefühle aufrechterhalte? Welche Ausreden eröffnet mir diese Haltung? Welche Ängste erspart sie mir? Befreien Sie sich von Ihren Schuldgefühlen und entscheiden Sie sich zu Ihrem eigenen und dem Wohl anderer für die Unschuld. Wenn Sie andere verurteilen und bestrafen wollen, dann werden Sie selbst der Bestrafung nicht entkommen, die Sie für Ihre Mitmenschen fordern. Umgekehrt jedoch kommt Ihnen all die Unschuld, Vergebung und Unterstützung zugute, die Sie ihnen angedeihen lassen.

53. *Inspiration*

Unsere Inspiration sucht
jederzeit nach Wegen,
zu uns zu kommen.
Inspiration kommt zu uns,
wenn wir auf die Stimme
unseres höheren Geistes
statt auf die des Egos hören.

Inspiration ist ein Strom kreativer Ideen, der unser Leben immer wieder intensiv macht. Inspiration versorgt uns mit Einsichten und Antworten, befreit uns von Blockierungen und hebt uns zu kreativem Denken und Handeln empor. Das Ego interessiert sich ausschließlich für Dominanz, Siege, die Hervorhebung seiner Besonderheit, die Bewahrung des Immergleichen und die Vermeidung jeglicher Veränderung. Es ist listigerweise sogar bereit, Niederlagen in Kauf zu nehmen, wenn diese im Gegenzug noch größere Kontrolle versprechen. Das Ego interessiert sich für nichts als seinen Fortbestand und bekämpft Inspiration mit geistlosen Gedanken, Monotonie und spektakulären Fehlschlägen.

Unsere Inspiration sucht jederzeit nach Wegen, zu uns zu kommen. Wenn wir uns jedoch einem Selbstbild und Überzeugungen verschreiben, die rechthaberischen Strategien und dem Schwelgen in negativen Emotionen Vorschub leisten, dünken wir uns im Besitz aller Antworten und weisen unserer Inspiration die Tür. Inspiration erhebt uns, segnet uns und befreit uns aus dem Gefängnis unseres begrenzten Denkens. Sie überwindet den Status quo und lässt unseren Geist weitere Teile des großen Puzzles unseres Lebens zusammenfügen. Sie trägt bei zu unserer Verständnisfähigkeit, Bindungsfähigkeit und Bereitwilligkeit und gibt uns die Gewissheit, dass wir die vor uns liegenden Aufgaben bewältigen können. Inspiration ist das innere Licht, das uns im äußeren Leben den Weg zeigt. Sie flösst uns Kraft ein, tröstet und schafft im Bewusstsein eine Öffnung für schöpferische Impulse. Inspiration kommt zu uns, wenn wir auf die Stimme unseres höheren Geistes statt auf die des Egos hören. Inspiration ist der Gnadenfluss, der unseren Geist stimuliert und ihm die in uns schlummernden Antworten entlockt. Sie erfüllt uns mit Hoffnung und lässt uns wissen, dass es unvermutete Wege zu den reichen Potenzialen unseres Lebens gibt.

Übung

Öffnen Sie sich heute der Inspiration, die nur darauf wartet, dass Sie sie annehmen. Hinter jedem der Probleme, mit denen Sie sich herumschlagen, wartet eine Inspiration, die Ihnen eine Lösung präsentieren und den Weg nach vorn zeigen will. Fassen Sie Mut, um heute neue Möglichkeiten zu erkennen, und lassen Sie sich von den Begrenzungen befreien, die Sie sich selbst auferlegt haben. Indem Sie ein wenig Zeit investieren, um Ihren Geist zu beruhigen, machen Sie ihn zum Flussbett der Inspiration.

54. Opferbereitschaft heilen I

Liebe wirkt belebend, erfrischend und verjüngend, Opferbereitschaft hingegen scheint zwar zu geben, nimmt stattdessen jedoch heimlich. Das Loslassen der Rolle des Opfernden eröffnet uns eine neue Ebene des Selbstwertes, der Bindung und des Empfangens und befreit uns von einer großen Lebenslast.

Opferbereitschaft ist gefälschte Liebe; ihr scheinbares Geben verschleiert einen Zustand zukünftigen Nehmens. Sie ist insofern heimtückisch, als dass sie wirkliche Liebe durch die Unfähigkeit zu empfangen ad absurdum führt. Opferbereitschaft stellt sich unter oder über den Opferwilligen, denn sie fürchtet die Nähe, welche Gleichheit mit sich bringt. Mit dieser Rolle verteidigen wir uns gegen einen unbetrauerten Verlust, und weil wir nicht authentisch sind, stirbt etwas in uns ab. Gegenwärtig herrscht eine bestürzende Unsicherheit darüber, was Opferbereitschaft und was Liebe ist. Um sicherzustellen, dass eine Beziehung überhaupt glücklich sein kann, ist es von entscheidender Wichtigkeit, diese beiden Begriffe genau gegeneinander abzugrenzen. Liebe wirkt belebend, erfrischend und verjüngend, Opferbereitschaft hingegen scheint zwar zu geben, nimmt stattdessen jedoch heimlich. Opferbereitschaft ist Kompensation, die auf Selbstentwertung und vermeintlicher Unwürdigkeit beruht. Wir versuchen damit unser Selbstbild zu verbessern, indem wir das Selbst der Person benutzen, der wir Opfer bringen. Opferbereitschaft verbirgt Konkurrenzdenken und Koabhängigkeit, die wiederum Angst vor Weiterentwicklung verheimlichen. Opferbereitschaft ist der vergebliche Versuch, Schuldgefühle abzuarbeiten. Sie ist eine kompensierende Verteidigungsstrategie gegen die hartnäckige Überzeugung oder das unabweisbare Gefühl, wir seien Versager.

Es gibt jedoch eine spirituelle Opferbereitschaft, genannt das »Feuer der Opferbereitschaft«, die nur auf den ersten Blick die Preisgabe von etwas Unerlässlichem zu verlangen scheint: Ich meine wirkliches, echtes Loslassen in dem vollen Bewusstsein, dass das Losgelassene, wiewohl bedeutungsvoll, durch sein Losgelassenwerden uns den Sprung auf eine neue Lebensebene gestattet. Die meisten Menschen allerdings plagen sich mit falscher Opferbereitschaft herum, die zugleich Angriff und Verteidigung ist. Diese imitiert Liebe, blockiert unsere Bindungsfähigkeit und zermürbt uns Zug um Zug, einfach weil wir nicht mehr richtig nehmen können. Opferbereitschaft ist ein sicheres Rezept für eine unechte Form der Beziehungsaufnahme und -führung. Zwar ist sie, von außen betrachtet, durchaus leistungsfähig und bewirkt durch Belastbarkeit manche Dinge, doch bringt sie uns nicht wirklich voran, da wir sie lediglich als Deckung benutzen, hinter der wir uns verbergen, um auf »Nummer sicher gehen« zu können. Indem wir opferbereit sind, aber wahre Hingabe verweigern, berauben wir uns des Wertes, des Sinns und der Liebe, die echtes Geben spendet. Opferbereitschaft untergräbt außerdem die Freude an der Nähe zu anderen Menschen. Das Loslassen der Rolle des Opfernden und von Opferbereitschaft als Kompensation eröffnet uns eine neue Ebene des Selbstwertes, der Bindung und des Empfangens und befreit uns von einer großen Lebenslast.

Übung

Untersuchen Sie heute Bereiche in Ihrem Leben, in denen Sie nicht empfangen und die Ihnen abgestorben erscheinen. Untersuchen Sie, auf welche Weise Sie sich zurückhalten. Integrieren Sie Ihre Opferbereitschaft und das, was diese verdeckt, um ein neues Gleichgewicht herzustellen. Entscheiden Sie sich dafür, sich auf authentische Weise den Menschen in Ihrem Umfeld zu geben und sich mit ihnen zu teilen.

55. Segnen

Segnen erbaut und adelt.
Ein Segen ist ein Geschenk
der Zuwendung.
Wenn wir alle Menschen
und Situationen segnen,
dann kehrt unser Segen
in einem breiten Strom
zu uns zurück.

Segnen heißt, die Kraft Ihres Geistes und Ihres Herzens zum Wohle eines anderen einzusetzen. Segnen ist eines der besten Mittel gegen Verurteilung und bewahrt uns außerdem vor Opferbereitschaft. Wenn wir einen anderen Menschen tadeln, dann weil wir uns durch ihn aus unserer inneren Mitte gerissen fühlen. Wir fühlen uns etwa ungerecht behandelt und befinden uns emotional im Widerstreit mit der Situation. Wer dagegen einen Segen ausspricht, der wendet sich einem Hilfsbedürftigen in Güte zu. Ein Segen ist ein Geschenk der Zuwendung. Segnen löst positive Gefühle aus. Ein ausgesprochener Fluch hingegen beeinflusst negativ. Wir können dem, was wir anderen Menschen wünschen, auch selbst niemals entkommen. Wenn wir sehen, dass ein Mensch negativ handelt und sein Handeln als Hilferuf erkennen, dann ist eine Segnung die einzige wahre und angemessene Reaktion. Alle größeren Maßnahmen zum Wohl eines Hilfsbedürftigen nehmen im Segen ihren Anfang. Segnen erbaut und adelt.

Wenn wir alle Menschen und Situationen segnen, dann kehrt unser Segen in einem breiten Strom zu uns zurück. Die Erwartung, dass uns Gutes widerfahren möge, ist wohlberechtigt, denn wir wünschen allen Menschen in allen nur denkbaren Situationen nur Gutes. Auch wenn wir uns selbst segnen, bewirken wir, dass sich eine Flut guter Dinge über uns und unsere Mitmenschen ergießt.

Übung

Nehmen Sie sich heute zehn Minuten Zeit, um schon morgens die Mitglieder Ihrer Familie, Ihre Freunde und Bekannten und insbesondere diejenigen in Ihrem Umfeld zu segnen, die Ihrer Hilfe besonders bedürfen. Segnen Sie sie mit Frieden, Mut, Bereitwilligkeit, Liebe, Fülle, Glück und all den guten Dingen, die Ihnen einfallen. Dann üben Sie sich darin, am heutigen Tage all die Menschen zu segnen, die Sie sehen, die Sie kennen lernen und ganz besonders auch Ihre so genannten »Feinde«.

56. Freundlichkeit

Freundlichkeit bringt Schönheit,
Farbe und Süße in die Welt.
Sie inspiriert Dankbarkeit,
macht uns im Inneren weich
und geschmeidig und spendet Wärme
als Mittel gegen alle Strenge,
Härte, Unerbittlichkeit und den
ganzen Stress unseres Alltags.

Freundlichkeit ist ein Akt der Großzügigkeit, der Wohltätigkeit und des Mitgefühls. Eine freundliche Geste öffnet unser Herz und unseren Geist. Dadurch empfinden wir die Welt als schöneren Ort und sind auch uns selbst gegenüber freundlicher. All die Freundlichkeit, die wir schenken, kehrt zu uns zurück, denn sie bewirkt in uns ein gutes Gefühl und öffnet uns für die Freundlichkeit, die uns durch andere zuteil wird. Freundlichkeit bringt Schönheit, Farbe und Süße in die Welt. Sie inspiriert Dankbarkeit, macht uns im Inneren weich und geschmeidig und spendet Wärme als Mittel gegen alle Strenge, Härte, Unerbittlichkeit und den ganzen Stress unseres Alltags. Freundlichkeit ist uns angenehm, nicht nur, wenn wir selbst sie anderen zuteil werden lassen oder sie empfangen, sondern auch dann, wenn wir sie zwischen anderen miterleben. Freundlichkeit schärft unseren Sinn für Selbstwert und eigene Verdienstlichkeit. Wenn wir Freundlichkeit empfangen, dann geben wir sie entzückt an andere weiter. Freundlichkeit ist ein Gut, das von einem zum anderen weitergereicht wird und somit das Gefühl der Brüderlichkeit verstärkt. Als Menschen bedürfen wir alle der Freundlichkeit und Akte gemeinschaftlicher Freundlichkeit helfen der ganzen Welt. Freundlichkeit ist ein Balsam für die leidende Schöpfung und fördert die Zusammengehörigkeit aller Menschen in Gedanken und Taten.

Übung

Machen Sie den heutigen Tag zu Ihrem Tag der Freundlichkeit. Lassen Sie in jeder Stunde wenigstens einem anderen Menschen, Ihnen selbst oder der Welt Freundlichkeit zuteil werden. Achten Sie intuitiv darauf, was Sie als Nächstes sagen oder tun können, um wenigstens einmal in einer Stunde einem anderen freundlich zu begegnen.

57. Schönheit

Schönheit entspringt nicht nur
einer Stimmigkeit der Form,
sondern auch der Zartheit,
Freundlichkeit und Liebe,
die in den Handlungen
und in der Ausstrahlung
eines Menschen zu fühlen sind,
oder sie äußert sich in dem,
was wir kreativ oder
großmütig geben.

Schönheit ist ein Segen für diese Welt, öffnet sie für Gnade, Wahrheit und Licht. Schönheit erfrischt und erneuert uns, verbindet uns mit allen und allem, was uns durch sie innerlich berührt. Auf einer tieferen Ebene schließt sie uns an das Geheimnis des Lebens an, und das auf natürliche, ungezwungene und anmutige Weise. Schönheit erhebt unsere Seele, öffnet unseren Geist und berührt unser Herz mit süßem Sinn. Sie entspringt nicht nur einer Stimmigkeit der Form, sondern auch der Zartheit, Freundlichkeit und Liebe, die in den Handlungen und in der Ausstrahlung eines Menschen zu fühlen sind, oder sie äußert sich in dem, was wir kreativ oder großmütig geben. Schönheit bringt uns voran, lässt den Weg zum Himmel in hellem Licht erstrahlen. Während die Schönheit der Form verblasst, vertieft sich die Schönheit des Herzens, belebt uns die Schönheit der Seele immer mehr, verwandelt uns die Schönheit des Geistes gänzlich. Der unwiderstehliche, wehrlos machende Aspekt der Schönheit hallt tief in unserem Sehnen danach wider, den Weg »nach Hause« zu finden. Schönheit öffnet den Bewusstseinsstrom, der Visionen mit sich führt. Er belebt unsere kreative Ader, und die Schönheit dieser Erfahrung holt genau die Bereiche in uns heim, die wir abgespalten und vor lebendiger Liebe verborgen hatten. Schönheit schenkt Regeneration und Gratifikation – damit bestärkt sie uns, selbst immer wieder aufs Neue zu geben.

Übung

Machen Sie sich heute die Schönheit von jemandem oder etwas bewusst. Lassen Sie sich von ihr in Besitz nehmen. Tun Sie heute etwas unendlich Schönes. Lassen Sie sich davon erfüllen. Lassen Sie sich heute von der Schönheit ergreifen als Segnung für andere.

58. Loben

Wer einen anderen lobt,
der beglückt ihn und sich selbst.
Wenn wir die Gaben
eines Mitmenschen
zu erkennen in der Lage sind,
dann wohnen diese Gaben
auch in uns, und sei es nur
als Anlage.

Wenn wir loben, reichen wir die Gaben Wertschätzung und Dankbarkeit an andere weiter. Indem wir Menschen Anerkennung zollen, fühlen wir uns ihnen nahe und können mit ihnen gemeinsam nach vorn gehen. Wenn wir sie loben und die wunderbaren Qualitäten an ihnen erkennen, die andere vielleicht übersehen oder nicht gewürdigt haben, dann ist dies ein Akt der Liebe, durch den wir ihnen das vergelten, was sie für uns und andere sind. Sobald wir das Vorhandensein einer Gabe bemerken, können wir sie auch empfangen und genießen. Je mehr wir die Gaben anderer bemerken, desto besser können wir uns daran erfreuen, wer sie sind, und desto besser können sie selbst sich erkennen und würdigen. Das gestattet es ihnen, ihre Gaben besser zur Geltung zu bringen und sich durch sie gestärkt zu fühlen.

Wer einen anderen lobt, der beglückt ihn und sich selbst. Wenn wir die Gaben eines Mitmenschen zu erkennen in der Lage sind, dann wohnen diese Gaben auch in uns, und sei es nur als Anlage. Loben vergrößert unsere Freude und gibt anderen das Gefühl, so wahrgenommen zu werden, wie sie wirklich sind – eines der großen Bedürfnisse, die wir alle gemeinsam haben. Wenn Menschen gelobt werden, dann kann es sein, dass sie sich vor unseren Augen öffnen und sichtbar wachsen. Lob bekräftigt das Leben und segnet alle Anwesenden.

Übung

Sorgen Sie heute dafür, dass der Sonnenschein Ihres Lobes andere bestrahlt. Machen Sie einen Umweg, um einen Menschen zu loben, der einen Umweg gemacht hat, um Ihnen zu helfen. Jemanden, der außergewöhnlich ist oder sich so verhalten hat oder der etwas Wunderbares geleistet hat.

59. *Projektion heilen*

Eines der größten Heilgeschenke
ist die Heilprojektion,
ein ermächtigendes Prinzip
und eine der besten Möglichkeiten
für unsere Weiterentwicklung.
Heilprojektion heißt, schlicht
und einfach darauf zu verzichten,
die Menschen und Situationen
um uns herum zu beurteilen.

Zu projizieren heißt, den eigenen Geist mit all seinen Gedanken, Überzeugungen und Bildern auf die Leinwand des äußeren Lebens zu werfen und damit unsere Welt zu erschaffen. Was unser Geist verurteilt hat und wovor er sich fürchtet, das wirft er von sich, um damit unsere Welt zu erbauen. Wesentlich ist also die Erkenntnis, dass wir umgeben sind vom Abraum unseres eigenen Geistes und Lebens, von unerledigtem, unvergebenem, abgespaltenem und nicht integriertem Material. Wir verurteilen uns, und weil wir die Schuld nicht ertragen können, projizieren wir sie nach außen auf eine andere Person oder Situation. Wir projizieren das, was in uns begraben ist, uns entweder Schuldgefühle oder Angst bereitet, und meinen, dass wir es damit losgeworden sind. Dann jagen wir ihm dort draußen hinterher als etwas, das wir uns wünschen, oder es stellt sich uns als negative Situation in den Weg, die integriert werden will. Tatsächlich also hat sich der Geist von gar nichts befreit. Was wir projiziert haben, ist noch immer in uns vorhanden, jetzt allerdings so gründlich verborgen, dass wir uns seiner nicht im mindesten bewusst sind. Aber natürlich, da wir selbst es verborgen haben, wissen wir eigentlich auch, wo es verborgen ist.

Eines der größten Heilgeschenke ist die Heilprojektion, ein ermächtigendes Prinzip und eine der besten Möglichkeiten für unsere Weiterentwicklung. Denn dabei müssen wir weder unsere Mitmenschen verändern noch die Situation, in der wir uns befinden, sondern lediglich uns selbst und unseren Geist. Heilprojektion heißt, schlicht und einfach darauf zu verzichten, die Menschen und Situationen um uns herum zu beurteilen. Wenn wir andere richten, gehen wir dem Problem in die Falle. Die anderen sind aber da, damit wir ihnen vergeben oder ihnen die Hand reichen, um ihre Hilfe zu erbitten oder ihnen zu helfen und so ein gemeinsames Vorankommen zu ermöglichen. Denn was ein anderer in unserem Umfeld auslebt, tragen wir als Vorstellung von uns selbst noch immer in uns.

Übung

Vergebung ist der leichteste Weg, um Projektion zu heilen. Wo es uns schwer fällt, einem anderen zu vergeben, da haben wir noch Mühe, unsere Schuld loszulassen.

Um eine Projektion zu heilen, muss sie zunächst zurückgenommen und als unser geistiges Eigentum erkannt werden. Gelegentlich reicht dieser Schritt bereits aus, um den vollkommenen Zusammenbruch einer Projektion oder Verurteilung zu bewirken und sie loszulassen. Es kann jedoch auch erforderlich sein, sich Schmerzen oder Selbstverurteilungen zu stellen und sie aufzulösen, bis Sie sich wieder unschuldig fühlen.

Wenn die Projektion noch nicht wieder vollständig zurückgenommen worden ist, haben Sie die Möglichkeit, die Heilung fortzusetzen, indem Sie sich mit dem Stil dieser besonderen Projektion beschäftigen. Im Wesentlichen können Projektionen drei verschiedenen Stilen zugeordnet werden. Der erste Stil besteht darin, dass Sie selbst genau das tun, wofür Sie andere verurteilen. Beim zweiten würden Sie lieber sterben, als das zu tun, was Sie bei den anderen sehen. Hierbei handelt es sich um einen kompensatorischen Stil. Der dritte Stil ist eine Mischung aus den beiden vorangegangenen – Sie finden sich mal auf der einen, mal auf der anderen Seite wieder.

Der kompensatorische Stil beinhaltet sehr viel Leugnen. Sie erhalten Zugang zu ihm, indem Sie sich nach den äußeren Umständen der Selbstverurteilung und Abspaltung fragen: »Wie alt war ich, als ich diesen Teil meiner selbst verurteilte? Von welchen Menschen war ich damals umgeben? Welche Ereignisse fanden damals statt?« Stellen Sie sich vor, wie das Licht in Ihrem Inneren die abgespaltenen Aspekte Ihrer selbst berührt und die Trennung beendet. Achten Sie auf die positive Wirkung, die diese Übung auf die damalige Situation ausübt. Wiederholen Sie die Übung so lange, bis Sie eine tiefe Bindung zu den Menschen, auf die Sie projiziert haben, spüren.

Sobald Sie Ihren Projektionsstil durchschauen, müssen Sie im Verlauf des Heilprozesses erkennen, dass Sie diesen Aspekt von sich abgespalten und wie sehr Sie sich deshalb angegriffen, ja sogar gequält haben, egal wie gut Sie ihn vor sich verstecken konnten. Die nächste Frage ist der Kernpunkt der Heilung: Wollen Sie weiterhin Angriffe auf sich selbst führen, oder wollen Sie lieber der Person vor Ihnen helfen, auf die Sie bisher Ihren abgespaltenen Aspekt projiziert haben?

Wenn Sie sich dafür entscheiden, helfen zu wollen, dann stellen Sie sich vor, wie Sie sich mit dem anderen unterstützend verbinden. Damit beseitigen Sie Ihre Angriffe gegen sich selbst und die Selbstangriffe des anderen so weit, dass diese Qualität durch Integration entweder vollständig verschwindet oder gutartig wird.

60. Manifestieren

Es ist an der Zeit, dass wir
uns der Macht unseres Geistes
bewusst bedienen, um uns selbst
und der Welt zu helfen.
So zu tun, als seien wir machtlos,
wird an den Dingen, die wir
leugnen, nichts ändern.
Manifestation ist die Macht,
durch eigene Wahl, Visualisierung
oder starke Gefühle das
zu bekommen, was wir wollen.

Manifestation ist die Macht, durch eigene Wahl, Visualisierung oder starke Gefühle das zu bekommen, was wir wollen. Manifestieren heißt, zu sehen und zu fühlen, was wir in der Zukunft wollen, und es dann doch in dem Wissen loslassen, dass der Geist durch die von uns getroffene Wahl die Situation buchstäblich erzeugt. Sobald wir dies begriffen haben, können wir diese Fähigkeit bewusst einsetzen, um auf unser Leben und das unserer Nächsten Einfluss zu nehmen. Wir haben ohnehin bereits Szenarien geschaffen, die unser Glück mittels Überzeugungen, Gedanken, Wünschen, Gebeten und Entscheidungen herstellen sollen. Manifestieren heißt, diese Kraft bewusst einzusetzen, um unser Leben zu verbessern. Je vertrauter wir mit dieser Gabe werden, desto größer ist der Einfluss, den Sie auf die vorhandene oder sich gerade erst entfaltende Situation nimmt.

Immer wieder haben wir darin geirrt, was uns glücklich machen könnte, oder sind darüber in Konflikte geraten. Persönliches Wachstum heißt, die Fortentwicklung der eigenen Heilung, der eigenen Macht und des eigenen Wissens um das, was wir wirklich wollen und was uns wirklich glücklich macht. Unsere vielen nutzlosen Gedanken und Wünsche nehmen nicht nur Einfluss auf uns, sondern auch auf die Welt. Von gleicher Wirkung sind auch unsere uns unbewussten verborgenen Gedanken und Überzeugungen. Was wir in Form von Selbsthass und Selbstangriffen unterdrückt haben, kommt als Angriffe anderer zu uns zurück. Solche falschen Entscheidungen haben wir getroffen, weil wir meinten, mit ihnen unser Glück bewirken zu können.

Es ist an der Zeit, dass wir uns der Macht unseres Geistes bewusst bedienen, um uns selbst und der Welt zu helfen. So zu tun, als seien wir machtlos, wird an den Dingen, die wir leugnen, nichts ändern. Um tatsächlich etwas zu bewirken, müssen wir uns die Zerrissenheit unseres Geistes im Hinblick auf unsere Wünsche und Ängste klar machen, ebenso wie unsere Angst davor, dass unsere Wünsche tatsächlich erfüllt werden könnten. Rebellion und Rache sind weitere Ego-Fallen, die uns in schmerzhafte Situationen bringen. Nehmen wir zum Beispiel die so genannte wahre Liebe, die sich nahezu jeder Mensch angeblich wünscht und doch nur selten auf überzeugende Art und Weise zu verwirklichen bereit ist. Aufgehalten werden wir von Ängsten, von Zweifeln am eigenen Wert und unseren Versuchen, ganz andere Bedürfnisse befriedigt zu bekommen, die plötzlich irgendwie wichtiger scheinen als das Erlangen wahrer Liebe. Rache, Luxus, Dominanz, Abtragen alter Schuld, Klammern, Sicherheitsdenken und Kontrollbedürfnis sind nur einige der Tagesordnungspunkte, denen wir gegenüber dem Streben nach wahrer Liebe Priorität einräumen.

Wer sich seiner Manifestationsfähigkeit bedienen will, der muss außerdem erkennen, dass wir zwar frei darüber entscheiden können, was wir manifestieren wollen, dass wir jedoch alle selbst geschaffenen Gelegenheiten verpassen werden, wenn uns die Reife fehlt, zu geben, zu empfangen und zu genießen.

Um Wünsche zu manifestieren, muss man auch noch wissen, dass der Geist die Bilder oder Formulierungen dessen, was wir uns wünschen, wortwörtlich nimmt. Als Beispiel mag der Witz von dem alten Mann mit der verkümmerten Hand dienen, der eine Münze in den Wünschbrunnen warf, dabei darum bat, die eine Hand der anderen gleich zu machen – und danach zwei verkümmerte Hände hatte.

Übung

Manifestieren ist leicht. Ununterbrochen treffen Sie die eine oder andere Wahl, ohne sich dessen überhaupt bewusst zu sein. Um zu manifestieren, treffen Sie Ihre Wahl einfach bewusst.

Sehen, hören und fühlen Sie, was Sie sich wünschen. Wählen Sie es aktiv aus.

- Dann lassen Sie Ihren Wunsch los. Seien Sie erwartungsvoll und gewiss, dass Ihre Bestellung auf dem Weg ist.
- Manifestieren Sie Ihre Wünsche insbesondere am Morgen nach dem Aufwachen und am Abend vor dem Einschlafen. Dies sind Zeitpunkte, zu denen das Ego am wenigsten auf der Hut ist.
- Falls Ihnen in Ihrem Leben gerade etwas Negatives oder Schmerzhaftes zustößt, dann machen Sie sich bewusst, dass Sie auf einer bestimmten Ebene aus irgendeinem Grund selbst darum gebeten haben. Sie haben einen Fehler gemacht. Bitten Sie Ihren höheren Geist um Hilfe dabei, dieses Negative oder Schmerzhafte zu beseitigen oder zu transformieren. Bitten Sie um Heilung und darum, die Lektion so schnell wie möglich zu lernen. Erkennen Sie, dass solche Fehler nichts mit Ihren oder Gottes Wünschen für Sie zu tun haben. Bitten Sie um die Wahrheit. Wählen Sie wiederum so anschaulich wie möglich und lassen Sie Ihren Wunsch dann los. Wenn Sie das Manifestieren erst einmal gelernt haben, dann wird es Ihnen in Sekundenschnelle von der Hand gehen.

Wenn Sie manifestieren, dann achten Sie darauf, dass immer alle Beteiligten davon profitieren, denn wenn Ihre Manifestationen nur Sie als Gewinner und alle übrigen als Verlierer dastehen lassen, dann bauen Sie damit nur neue Ego-Fallen auf. Dem, was Sie anderen wünschen, können Sie auch selbst nicht entkommen.

61. Offenheit

Offenheit wirkt sich
äußerst segensreich aus
und beinhaltet immer schon
den nächsten, einer Verbesserung
dienenden Schritt.
Offenheit ist unser Anteil
an der Herbeiführung
guter Dinge in unserem Leben.

Offenheit macht es uns möglich, alle guten Dinge anzunehmen wie Liebe, Gnade, aussichtsreiche Gelegenheiten, Erfolg und sogar Wunder. Fehlen diese Qualitäten in unserem Leben, dann verschließen wir uns ihnen aus Angst und aufgrund von begrenzenden oder negativen Überzeugungen. Diese Überzeugungen passen dem Ego, das Veränderung und inneres Wachstum fürchtet, offensichtlich gut ins Konzept. Manchmal fürchten wir uns auch vor Überforderung, Verlust oder der Nichterfüllung von Bedürfnissen. Doch Gnade und Wunder sind für uns in jeder Situation enthalten; auch Liebe und die richtigen Antworten stehen uns jederzeit zur Verfügung, wenn wir uns ihnen nur bereitwillig öffnen. Gott wünscht uns nur Gutes, allein, wir müssen es zulassen.

Manchmal meinen wir, uns besser schützen zu können, wenn wir uns verschließen, aber irgendwie überwindet das Schmerzhafte unsere Schutzmaßnahmen und fühlt sich von ihnen sogar angezogen. Unsere Schutzmaßnahmen wehren letztlich nur das »Gute« ab. Offenheit dagegen wirkt sich äußerst segensreich aus und beinhaltet immer schon den nächsten, einer Verbesserung dienenden Schritt. Wenn wir ungewollt etwas Negatives in unserem Leben herbeigeführt haben, neigen wir dazu, uns zu verschließen, hart zu werden und uns nach innen zu verkriechen. Doch damit verhindern oder verzögern wir nur den nächsten Schritt, der uns helfen und Erleichterung verschaffen kann. Offenheit ist unser Anteil an der Herbeiführung guter Dinge in unserem Leben.

Übung

Entscheiden Sie sich heute, für all die guten Dinge, die Ihnen begegnen, offen zu sein. Lassen Sie sich auch nicht beirren, wenn das Neue zunächst negativ erscheint. Vertrauen Sie einfach und wissen Sie: Was Sie heute empfangen, ist in Ihrem besten Interesse, ob Sie es erkennen oder nicht. Gewähren Sie heute jeder Art Fülle Einlass. Entscheiden Sie sich für Offenheit, und bedienen Sie sich Ihres Vertrauens, um Ihre Offenheit zu genießen.

62. *Intuition*

Intuition ist die Fähigkeit,
mit unserem höheren Geist
zu kommunizieren.
Sie gestattet uns, über die
vom Verstand zur Verfügung
gestellten Daten hinauszugehen
und die Antwort direkt und
unmittelbar zu finden.

Intuition ist eine Wahrnehmungsform, mit der wir die Welt dank eines feinen Gespürs erfahren und erkennen. Intuition erfasst die Dinge von innen, sodass wir uns ihrer im äußeren Alltag erfolgreich annehmen können. Sie horcht tief nach innen, in dem Wissen, dass wir nicht immer alles logisch begreifen müssen, um die richtigen Antworten zu finden.

Gemäßigt durch Vernunft ist Intuition eine unfehlbare Methode, um die Wahrheit zu entdecken. Intuitiv zu sein, bedarf lediglich eines Augenblicks der Stille und einer ganz bestimmten Offenheit des Geistes. Dann verstehen wir sofort, »wie der Hase läuft« und was die richtigen Schritte sind. Jeder Mensch bedient sich tagtäglich seiner Intuition, manche mehr, andere weniger. Intuition ist ein großartiges Geschenk, um Entwicklungen, die ins Stocken geraten sind, wieder in Fluss zu bringen, und auch, um andere Menschen zu durchschauen. Intuition ist die Fähigkeit, mit unserem höheren Geist zu kommunizieren. Sie gestattet uns, über die vom Verstand zur Verfügung gestellten Daten hinauszugehen und die Antwort direkt und unmittelbar zu finden. Sie hat Anteil an etwas, das größer ist als diese Welt, lässt uns einen Blick darauf erhaschen. Sie erweitert unsere Perspektive und vermag uns auch vor Gefahren zu beschützen, wenn wir uns auf ihre feine Stimme einlassen.

Übung

Üben Sie heute Ihre intuitiven Fähigkeiten. Setzen Sie Ihre Intuition bewusst ein. Wie bei jeder Gabe wird auch Ihr intuitives Gespür immer stärker, je häufiger Sie sich seiner bedienen. Fragen Sie Ihre Intuition, ob Sie Ihnen heute irgendetwas mitteilen möchte. Nehmen Sie sich möglichst morgens und abends jeweils zehn Minuten Zeit, um Ihren Geist zu öffnen und empfänglich zu machen für Botschaften, die vielleicht zu Ihnen vordringen möchten.

63. Introjektion heilen

Wir müssen all den Schmerz
anderer Menschen loslassen,
den wir geschluckt haben.
Heilung kann dann durch Gnade
statt durch Opferbereitschaft
erfolgen und ohne dass einer
der beteiligten persönlich
dafür bezahlen muss.

Introjektion ist der Versuch, den Schmerz von geliebten Menschen zu heilen, indem wir diesen Schmerz auf uns nehmen und verinnerlichen. Manchmal sind wir damit erfolgreich, aber es macht uns nicht glücklich. Introjektion ist eine Form von Opferbereitschaft, deren Ziel es ist, Mitmenschen von Schmerz zu befreien, indem wir ihn selbst (wortwörtlich) *schlucken*. Wie erfolgreich wir damit sind, den Schmerz eines anderen in uns aufzunehmen, hängt davon ab, wie stark ausgeprägt unsere sensitiven und unsere Heilfähigkeiten sind und ob für zusätzlichen Schmerz noch genügend Platz in uns vorhanden ist. Erste Introjektionen können bereits im Kindesalter stattfinden, wenn wir im Kreis unserer Familie aufwachsen. Wenn die Bindung zerbrochen ist und der Schmerz beginnt, dann wollen wir ihn verringern, indem wir den Schmerz der von uns geliebten Menschen verinnerlichen. Introjektion ist ein Akt des Märtyrertums und der Symbiose, der sich der Heilung bringenden Gnade in den Weg stellt.

Ein Problem von Introjektion ist, dass der verinnerlichte Schmerz auch dann immer wieder zu uns zurückkehrt, wenn die Heilung bereits stattgefunden hat. Zwar mag der Schmerz zeitweise scheinbar verschwinden, doch weil er nicht der unsere, sondern der eines anderen Menschen ist, macht er sich immer wieder in uns bemerkbar. Zwar kommt uns dieser Schmerz wie unser eigener vor, doch das ist er eben nicht, und solange der Schluckmechanismus funktioniert, kehrt er immer wieder zu uns zurück. Wir müssen also all den Schmerz anderer Menschen loslassen, den wir geschluckt haben, den Introjektionsmechanismus außer Kraft setzen und Gott wieder seine Arbeit tun lassen. Heilung kann dann durch Gnade statt durch Opferbereitschaft erfolgen und ohne dass einer der beteiligten persönlich dafür bezahlen muss.

Übung

Sie neigen zu Introjektion, wenn Sie bei der Beschäftigung mit diesem Prinzip einen starken Widerhall in sich spüren oder wenn Sie bemerkt haben, dass Sie den Schmerz von Ihnen nahe stehenden Menschen auf sich nehmen, während diese sich besser fühlen. Falls dies für Sie zutrifft, dann stellen Sie sich intuitiv die Frage: »Wie viel zusätzliches emotionales Gewicht habe ich von Familienmitgliedern, Freunden, Partnern und Bekannten auf mich genommen?« Dann treffen Sie die Entscheidung, all dies loszulassen. Legen Sie den Schmerz der anderen, den Sie aufgenommen haben, zurück in Gottes Hände. Geben Sie den Introjektionsmechanismus auf und lassen Sie Gott seine Arbeit tun. Empfangen Sie die Gnade und die Gaben, die diesen Mechanismus aufheben wollen.

64. Sich verwahren

Indem wir uns gegenüber
etwas Negativem verwahren,
wahren wir unser Heil- und Ganzsein.
Es heißt, dass wir unseren Wert
und unsere Würde bekräftigen
und das, was uns aufhalten will,
als falsch erkennen.

Die Nutzung dieses Prinzips muss in vollem Bewusstsein, mit aller Macht unseres Geistes und mit der Unterstützung durch Gnade geschehen. Heilsames Sichverwahren beginnt mit der Erkenntnis, dass alles Negative falsch, eine Illusion und das Gegenteil von Wahrheit ist. Und nichts als die Wahrheit ist Gottes Wille für uns. Auch wenn einer Negativität ein Fehler von uns selbst zugrunde liegt, ist es nicht unser eigener Wille für uns. Wir können die Wahl treffen, dass die Situation keine Auswirkung auf uns hat. Damit bringen wir unsere Weigerung zum Ausdruck, uns von dem Problem, vor dem wir stehen, negativ beeinflussen zu lassen. Wir nutzen die Macht unseres Geistes und die Gnade, um die Komplikationen auszulöschen, die es mit sich bringt. Dies bedeutet nicht, so zu tun, als sei das Problem nicht da. Indem wir uns gegenüber etwas Negativem verwahren, wahren wir unser Heil- und Ganzsein. Es heißt, dass wir unseren Wert und unsere Würde bekräftigen und das, was uns aufhalten will, als falsch erkennen. Da es nicht die Wahrheit ist, kann es auch keine bleibende problematische Wirkung auf uns haben. So nehmen wir unsere Identität als Kinder Gottes an und bitten darum, dass das Problem, auch als Wirkung einer unserer Fehlentscheidungen, und die mit ihm einhergehende Angst aufgelöst werden mögen. Damit bedienen wir uns der Gnade sowie der Macht und des Willens unseres Geistes, um schädliche Situationen zu unterbinden und ihre Auswirkungen zu korrigieren.

Übung

Sie können diese Übung für sich selbst und gegen alle negativen Erfahrungen in Ihrer Welt einsetzen. Erkennen Sie, dass Negatives nicht die Wahrheit ist. Rufen Sie die Wahrheit zu sich. Weisen Sie die Macht der Illusion und ihre Fähigkeit, Ihnen oder Ihren Mitmenschen Schaden zuzufügen, zurück. Erkennen Sie, dass Sie Negativität nicht wollen, und wählen Sie, was Sie sich wirklich wünschen. Bedienen Sie sich des Willens Ihres Geistes, um die Erfüllung Ihrer Wünsche zu unterstützen. Bitten Sie um Gnade und die Hilfe des Himmels, um die Angst und alles weitere, was dem Problem zugrunde liegen mag, aufzulösen.

65. *Wunder*

Jedes Problem, jede Situation
kann der Anlass sein,
ein Wunder zu erbitten.
Ein Wunder ist mit der
Erkenntnis verbunden,
dass wir nicht auf uns allein
gestellt sind, um Besserung
zu bewirken, sondern dass wir
uns an die Quelle aller Macht
und Liebe wenden dürfen.

Ein Wunder ist ein Akt Gottes, der die Schranken von Zeit und Raum überwindet. Es ist ein Akt der Liebe, der reiner Gottesliebe entspringt und unsere eigene Liebe benutzt, um an andere weitergereicht zu werden. Ein Wunder verwandelt sowohl denjenigen, der es bewirkt, wie auch den Empfänger.

Wunder sind unser Vermächtnis als Kinder Gottes, und wir vermögen uns seiner zu bedienen, um unsere eigene und die Situation unserer Mitmenschen zu verbessern. Ein Wunder kann unsere Entwicklung erheblich beschleunigen. Sein Ursprung ist die Erkenntnis, dass alles, was nicht Liebe ist, sich nach Liebe sehnt. Wir können dieses Bedürfnis mit unserer Liebe stillen und Gottes Liebe anrufen, um Veränderung und Höherentwicklung herbeizuführen. Jedes Problem, jede Situation kann der Anlass sein, ein Wunder zu erbitten. Ein Wunder ist mit der Erkenntnis verbunden, dass wir nicht auf uns allein gestellt sind, um Besserung zu bewirken, sondern dass wir uns an die Quelle aller Macht und Liebe wenden dürfen. Es liegt eine gewisse Ironie in der Art und Weise unserer eigenen Entwicklung: Ganz am Anfang, in der Kindheit, sind wir total abhängig und werden erst nach und nach selbstständig. Nachdem wir gelernt haben, unabhängig zu sein, lernen wir, als Partner und in Gruppen zu funktionieren. Schließlich aber lernen wir in unserer spirituellen Entwicklungsphase, uns vollständig auf Gott als unseren liebenden Vater zu verlassen, der alle unsere Bedürfnisse erfüllt. Ganz und gar spirituell geworden finden wir uns wiederum in totaler Abhängigkeit wieder. Damit schließt sich der Kreis, und wir befinden uns da, wo wir am Anfang schon einmal waren – allerdings eine ganze Ebene höher auf unserem Entwicklungsweg. Auch wenn wir die Ebene der Meisterschaft und Erleuchtung erreicht haben, verlassen wir uns im Umgang mit Problemen weiterhin ganz und gar auf unsere Abhängigkeit von Gott und seine Gnade. Vollständig in seine Hand gegeben erkennen wir, wie verrückt es ist, alles aus eigener Kraft erreichen zu wollen, wenn doch die Gnade alles mühelos durch uns geschehen lässt.

Übung

Wählen Sie ein Problem aus. Lassen Sie jeglichen Tadel und Groll los, die damit in Zusammenhang stehen. Erkennen Sie die Bedürftigkeit hinter der Situation und antworten Sie mit Liebe. Bitten Sie den Himmel um Unterstützung. Nehmen Sie die Reinigung oder Heilung vor, zu der Sie sich inspiriert fühlen, um mögliche Vorverurteilungen aufzulösen und den Weg für ein Wunder zu bereiten. Es ist hilfreich, wenn Sie sich für alles Wunderbare und für solche Situationen öffnen, die eines Wunders bedürfen. Erkennen Sie, dass Sie ein Kind Gottes sind und seine guten Gaben verdienen.

66. Wehrlosigkeit

Wehrlosigkeit ist ein Aspekt
der Offenheit, der paradoxerweise
Sicherheit bewirkt.
Unsere Wahrheit bedarf
keiner Verteidigung.
Wehrlosigkeit sorgt dafür,
dass wir uns öffnen,
und befähigt uns,
all das zu genießen,
was wir empfangen können.

Wehrlosigkeit ist ein Aspekt der Offenheit, der paradoxerweise Sicherheit bewirkt. Wenn wir uns verteidigen oder versuchen, uns zu schützen, ein ohnehin nahezu unmögliches Vorhaben, dann erzeugen wir Angst. Angst aber zieht genau das an, wovor wir uns fürchten. In der Welt des Egos reicht dies als Begründung aus, um noch höhere Schutzwälle zu errichten. In der Welt des höheren Geistes jedoch ist es ein weiterer Grund zur Heilung der Angst, damit erst gar nicht zu solchen Notbehelfen gegriffen wird, sondern Angst gleich als Illusion erkannt und aufgelöst wird. Was wir verteidigen, zieht Aufmerksamkeit auf sich, wird dadurch immer wichtiger, was wiederum weiteres Interesse hervorruft. Was wir zu schützen suchen, wird hervorgehoben und verstärkt, indem wir es schützen. Jede Verteidigung ruft einen Angriff hervor. Jeder verborgene Schmerz sucht eine Situation hervorzubringen, mit deren Hilfe er ans Tageslicht kommen und aufgelöst werden kann. Er wird so lange immer wieder an die Oberfläche drängen, bis die Heilung zum Abschluss gebracht wurde. Bis zu diesem Zeitpunkt reagieren wir emotional auf die Auslösemechanismen, deren wir uns bedienen, um den unterdrückten Schmerz nach oben zu bringen. Wenn die Auslösung dann erfolgt, verfallen wir in eine Überreaktion, einfach weil es weh tut. Und doch haben wir das Gefühl, dass etwas Äußeres den Schmerz bewirkt. Das Ego, durch diese Gefühle zu noch stärkerer Verteidigung angestachelt, plustert sich immer weiter auf. Es schiebt die Schuld für den Schmerz auf einen Menschen oder auf äußere Umstände ab und erkennt weder, dass der Schmerz unserer Psyche entspringt, noch, dass wir selbst die Verantwortlichen sind. Wenn es dem Ego nicht gelingt, die Schuld auf einen anderen zu schieben, dann schiebt es sie auf uns. Damit hätten Verantwortlichkeit und Wehrlosigkeit ein Ende und das Ego ginge gestärkt aus der Situation hervor.

Der höhere Geist jedoch erkennt die Gelegenheit, Heilung zu bewirken, wenn wir aus der Fassung geraten. Jede Facette unseres Egos, in Form ganz bestimmter Vorstellungen über uns selbst, verteidigen wir mit aller Macht. Unsere Wahrheit bedarf indessen keiner Verteidigung. Zweifel, Unsicherheit und Kompensation verdrängter widersprüchlicher Überzeugungen sind es, die uns in die Defensive drängen und Konflikte erzeugen. Wenn wir wertlose Dinge verteidigen, wenn sie auch in unseren Augen und in den Augen der Welt wertvoll sind und uns ein scheinbares Gefühl von Selbstwert verschaffen, dann ist es letzten Endes unser Besitz, der uns besitzt. Durch die Errichtung von Verteidigungsstrukturen sperren wir uns mit dem Problem ein. Unsere Abwehrhaltung bewirkt, dass wir uns nur noch mehr anstrengen. So verschwenden wir große Energiemengen, die in Kommunikation, ersprießlichen Umgang miteinander und in Freude besser investiert wären. Wehrlosigkeit sorgt dafür, dass wir uns öffnen, und befähigt uns, all das zu genießen, was wir empfangen können.

Übung

Bewerten Sie heute eingehend, was und wie sehr Sie es verteidigen.

- Funktioniert Ihre Verteidigung überhaupt?
- Welchen Preis bezahlen Sie für diese Verteidigung?
- Welche guten Dinge hält Ihre Verteidigung von Ihnen fern?
- Verlassen Sie sich auf den Schutz der Gnade und setzen Sie Ihre Energie für die Steigerung Ihrer Freude ein?

Bitten Sie heute um Gnade, und fordern Sie Ihren höheren Geist auf, Sie zu beschützen. Investieren Sie all Ihre Energie in Ihre Freude. Entscheiden Sie sich für Wehrlosigkeit. Übernehmen Sie Verantwortung, und erkennen Sie, dass jedes Missgeschick seinen Ursprung in Ihrem eigenen Geist hat. Heilen Sie die aufkommenden Probleme, ganz egal wo sie ihren Ursprung zu haben scheinen. Wehrlosigkeit vermag Ihr Leben aufs Neue angenehm aufregend werden zu lassen und mit Wundern zu erfüllen.

67. Wertschätzen

Wertschätzen rettet Leben.
Es stellt Treibstoff für
diejenigen zur Verfügung,
deren Tankanzeige bereits
im roten Bereich ist.
Es schafft Verbundenheit
und Gemeinsinn
zwischen den Beteiligten,
stärkt und baut sie alle
gleichermaßen auf.

Wertschätzen heilt die Versuchung durch den Tod, welche durch das Gefühl der Wertlosigkeit hervorgebracht wird. Was wir für wert befinden, darauf geben wir Acht, dem geben wir, und das bedeutet uns etwas. Wenn wir einen Menschen wertschätzen, verleihen wir nicht nur ihm, sondern auch uns selbst Wert. Wertschätzen ist ein Mittel gegen Gefühle von Schuld, Versagen und Wertlosigkeit, die Ursachen von Selbstangriffen und Depressionen, es bringt Leben hervor und stärkt die Wahrheit. Wenn wir in der Hoffnung, durch äußeren Besitz unseren Wert zu steigern, das wertschätzen, was wertlos ist, dann stärken wir damit lediglich unser Ego. Das Ego will uns mit seinem Hang, Dinge zu horten, zu etwas scheinbar Besserem machen und stellt damit automatisch unsere Mitmenschen in die zweite Reihe. Die Vorstellung, etwas Besonderes zu sein, errichtet sich selbst ein Denkmal und vergeudet die Kraft unserer Beziehungen, durch die wir in uns selbst und anderen Lebendigkeit erzeugen können. Wertschätzen rettet Leben. Es stellt Treibstoff für diejenigen zur Verfügung, deren Tankanzeige bereits im roten Bereich ist. Es schafft Verbundenheit und Gemeinsinn zwischen den Beteiligten, stärkt und baut sie alle gleichermaßen auf. Indem wir andere wertschätzen, erlösen wir sie, denn es ist die Macht des Geistes, die sich anschickt, wahren Wert zu schaffen. Wertschätzen richtet den Scheinwerfer unseres Bewusstseins auf das, was uns Sinnhaftigkeit vermittelt. Schon das allein kann eine therapeutische Wirkung zeigen. Das zu wertschätzen, was wahrhaft wertvoll ist, erfüllt uns mit unverbrüchlichem Glück.

Übung

- Welchem Menschen wollen Sie heute bewusst Ihre Wertschätzung zuteil werden lassen?
- Wofür würden Sie ihn wertschätzen?
- Welchem Umstand oder welchem Ereignis wollen Sie heute bewusst Ihre Wertschätzung zuteil werden lanssen?
- Beschenken Sie die Welt heute mit Ihrer Wertschätzung. Heute werden sich Ihnen Gelegenheiten bieten, Ihren Wert und den Ihrer Mitmenschen zu steigern. Seien Sie darauf vorbereitet.

68. Schwelgerei loslassen

Schwelgerei wird geheilt durch die Erkenntnis, dass sie uns nicht nur wirkliche Befriedigung vorenthält, sondern auch einen Teufelskreis schafft, der uns große Opfer abverlangt. Um Spaß zu haben, ist uns ein viel besserer Plan in die Wiege gelegt, der viele Gaben für einen harmonischen, freudvollen Gang unseres Lebens vorsieht.

Wir schwelgen in dem Bemühen, glücklich zu werden, uns zu trösten oder eine Freude zu bereiten; damit wollen wir uns für erlittene Erschöpfung und geleistete Opfer entschädigen oder für eine gut bewältigte Aufgabe belohnen. Unglücklicherweise stillt das unsere Sehnsucht nicht und erfüllt auch nicht unsere Bedürfnisse, also versuchen wir es noch härter. So fühlen wir uns aber nur umso schlechter, haben noch dazu wegen unserer Schwelgerei Schuldgefühle und versuchen diese durch weitere Opferbereitschaft abzuzahlen. Endlose Opferbereitschaft wiederum lässt unsere Fähigkeit zu empfangen verkümmern, und in letzter Konsequenz fühlen wir uns total erschöpft, ausgebrannt. Also meinen wir, als Ausgleich ein wenig sofortigen Genuss »verdient« zu haben. Auf diese Weise setzen wir einen Teufelskreis in Gang, der unsere Suche nach Genuss in Schwelgerei und diese in eine Sucht verwandeln kann. Da die Opferbereitschaft meist ihren Ursprung in der Rolle innerhalb der Familie hat, die man übernimmt, um die Familie zu retten, bildet sich bereits in früher Jugend ein Muster aus Schwelgerei und Opfertum heraus, oder wir übernehmen dieses sogar von unseren Eltern. Wenn jemand unsere Genusssucht kritisiert oder uns unsere kleinen Freuden streitig zu machen versucht, dann verteidigen wir sie mit Händen und Füßen, weil wir meinen, dass wir sie uns doch verdient haben. All das rührt her von der Bedürftigkeit, die das Ego auskocht, um uns auf seine Vision dessen festzulegen, was wir »verdienen«, was und wer wir sind. Dieses Selbstbild und die damit einhergehende Bedürftigkeit päppeln das Ego, das sich mit dem Körper identifiziert. Die Lösung, die das Ego für das Grundproblem der Angst anbietet, lautet immer: Schütte sie mit verstärkter Schwelgerei und größerer Opferbereitschaft zu. Indem uns das Ego beständig weismacht, dass wir uns gütlich tun sollten, verstärkt es die Einsamkeit, mit der es nicht konfrontiert sein will. So sorgt es dafür, dass das Loch, in dem wir festsitzen, immer tiefer wird. Erst wenn wir diese Abhängigkeit von zwanghaftem Genuss loslassen, öffnen wir uns der Fähigkeit, zu empfangen und wirklich zu genießen.

Schwelgerei wird geheilt durch die Erkenntnis, dass sie uns nicht nur wirkliche Befriedigung vorenthält, sondern auch einen Teufelskreis schafft, der uns große Opfer abverlangt. Uns selbst für unsere Genusssucht zu bestrafen, bewirkt nur mehr Schuld, größere Opferbereitschaft und weitere Schwelgerei. Erst die Heilung unserer Bedürfnisse und das Loslassen des zugrunde liegenden falschen Selbstbilds machen uns frei. Wenn wir untersuchen, was uns in unserem Leben wirklich Freude macht und Sinn vermittelt, dann erkennen wir, dass dieser Weg uns tatsächlich immer nur tiefer und tiefer in eine emotionale Verschuldung führt. Das Muster aus Schwelgerei und Opfer ist eine in unserer Gesellschaft derart weit verbreitete Falle, dass wir uns nur dann aus ihr befreien können, wenn wir wirklich einsehen, dass es auch einen besseren Weg gibt. Ihn zu gehen erfordert, dass wir unsere selbst geschmiedeten Pläne für unser Vergnügen aufgeben. Sie zu befolgen, bewirkt früher oder später ohnehin immer eine gehörige Portion Schmerz und Leiden. Um Spaß zu haben, ist uns ein viel besserer Plan in die Wiege gelegt, der viele Gaben für einen harmonischen, freudvollen Gang unseres Lebens vorsieht. Schwelgerei ist eine Mauer zwischen uns und anderen Menschen, während unsere Gaben uns mit ihnen verbinden.

Übung

Wann immer sich bei Ihnen heute eine heftige Begierde einstellt, dann fragen Sie sich, wem Sie etwas zu vergeben haben. Sobald Ihnen eine Person eingefallen ist, fragen Sie Ihren höheren Geist, ob die Befriedigung Ihres Begehrens oder Ihre Vergebung Ihnen das ersehnte Glück bescheren wird. Fragen Sie sich, wie Sie Ihr gegenwärtiges Genussstreben auf eine höhere Ebene führen könnten. Es ist an der Zeit, eine neue Wahl zu treffen, die Sie darin voranbringt, eine schwelgerische Befriedigung Ihrer Wünsche durch wahre Befriedigung zu ersetzen und nach den Gaben und der Freude zu suchen, die sich hinter dieser Ego-Falle verstecken.

69. Ererbte Muster heilen

Verborgen unter Schmerz und Groll,
die unsere Eltern uns übergeben haben,
liegen noch immer unsere Gaben, die
wir mit in dieses Leben gebracht haben,
um ihnen zu helfen und unsere Vorfahren
zu befreien. Wenn wir die Verantwortung
dafür übernehmen, uns selbst zu
befreien, können wir unsere Vorfahren
nicht nur von ihren karmischen Seelen-
mustern erlösen, sondern auch unseren
Kindern in Zukunft diese schmerzhaften
oder destruktiven Muster ersparen.

Unsere Vorfahren vererbten auf uns ihre Gaben und Talente, aber auch ihren Schmerz, ihre Probleme und ihre negativen Muster. Familiäre Leidensmuster nehmen irgendwann mit einem Trauma ihren Anfang und werden von einer Generation an die nächste weiter gereicht, durchaus mit wechselnden Symptomen. Ein ererbtes Muster kann viele Formen annehmen, kann etwa im Gewand von Geldsorgen daherkommen oder als Neigung zu bestimmten Krankheiten, als Aufopferung oder Beziehungsproblem. Ob wir das Muster nun wirklich geerbt oder selbst in uns entwickelt haben, wir werden es, wenn wir es nicht auflösen, in irgendeiner Form auch an unsere eigenen Kinder weitergeben. Irgendwann müssen wir uns entscheiden, den schwarzen Peter nicht mehr weiterzugeben.

Wenn wir die Verantwortung dafür übernehmen, uns selbst zu befreien, können wir unsere Vorfahren nicht nur von ihren karmischen Seelenmustern erlösen, sondern auch unseren Kindern in Zukunft diese schmerzhaften oder destruktiven Muster ersparen. Die meisten in der Familie weitergereichten Muster zeigen sich erstmals zwischen uns und unseren Eltern, wenn wir noch Kinder sind. Welcher Art das Symptom auch sein mag, es bewirkt immer den Verlust irgendeiner Form von Bindung oder gar vollständige Trennung. Die Probleme, mit denen wir unseren Eltern nicht helfen können, werden zu unseren eigenen, die wir später ausleben oder kompensieren. Verborgen unter Schmerz und Groll, die unsere Eltern uns übergeben haben, liegen noch immer unsere Gaben, die wir mit in dieses Leben gebracht haben, um ihnen zu helfen und unsere Vorfahren zu befreien. Aller Schmerz und alle Probleme werden auf irgendeiner Ebene von unserem Ego benutzt, um unsere Gaben vor uns zu verhüllen. Nur Schmerz und Probleme verleihen dem Ego Macht über uns und andere; unsere Gaben hingegen befreien uns und lassen das Ego schrumpfen. Manchmal spüren wir intuitiv, was unsere Gabe ist. Manchmal stoßen wir durch logisches Schlussfolgern darauf, weil der nutzen der Gabe das Einzige ist, um den

Schmerz unserer Vorfahren und unserer Eltern zu heilen. Sobald wir unsere Gaben erkennen, können wir zurückkehren an jenen Punkt, an dem unser Schmerz für uns begann, und dieses Mal die Gabe einsetzen, welche die von der Situation betroffenen Menschen zu heilen vermag. Sobald die bedeutendsten ererbten Probleme geheilt und wir selbst frei sind, kommen andere Probleme, eines nach dem anderen, an die Oberfläche, um gleichfalls geheilt zu werden. Schritt für Schritt, Schicht um Schicht, lösen wir für uns, für unsere Kinder und für unsere Vorfahren die von Generation zu Generation weitergereichten Probleme. Auf diese Weise können die dramatischsten und schnellsten Heilungen überhaupt gelingen.

Übung

Beantworten Sie sich intuitiv die folgenden Fragen:

- Welches ist das Hauptproblem, das von der Seite meiner Mutter innerhalb der Familie weitergereicht wird?
- Welches ist das Hauptproblem, das von der Seite meines Vaters innerhalb der Familie weitergereicht wird?

Machen Sie die nachfolgenden Übungen erst mit dem einen und dann mit dem anderen Elternteil:

- Graben Sie sich durch den Schmerz oder Groll, den Sie mit Ihren Eltern teilen, bis Sie auf die Tür tief in Ihrer Seele stoßen, hinter der sich die Gabe befindet, die Sie mitgebracht haben, um sich und Ihre Familie zu befreien.
- Öffnen Sie die Tür und nehmen Sie die Gabe an.
- Nun reichen Sie die Gabe an den Elternteil weiter, der das Problem hat(te). Lassen Sie sich genug Zeit, um Ihre Mutter oder Ihren Vater mit der Gabe zu erfüllen, bis ihre oder seine Probleme und der damit verbundene Schmerz verschwunden sind. Sie können den Vorgang mit der Ursituation wiederholen, in der das Problem an Sie weitergereicht wurde.
- Sobald der Elternteil, mit dem Sie arbeiten, von Ihrer Gabe erfüllt ist, sehen Sie, wie diese allmählich an Ihre Großeltern weitergereicht wird und schließlich den gesamten Stammbaum hinauf wandert, bis das ursprüngliche Problem vollständig ausgeräumt ist. Sollte die Klärung nicht vollständig sein, dann bedeutet dies, dass in Ihnen noch eine weitere Gabe darauf wartet, zu Ihrem und dem Wohl Ihrer Familie angenommen zu werden. Was immer auch Ihre Vorfahren benötigen, Sie haben Ihren »Seelenrucksack« dabei, der alles enthält, was zur Befreiung der Betroffenen erforderlich ist. Vielleicht haben Sie die entsprechende Gabe noch nie herausgenommen und sie liegt verschüttet unter Schmerz, Groll und Schuld Ihres Familienproblems. Und doch ist sie noch immer da und wartet auf Sie, auf Ihre Familie und auf die Welt.

70. Gebet

Wir haben Gott mit der
Psychologie eines
pubertierenden Jugendlichen
ausgestattet.
Wenn Gott irgendetwas
anderes wäre als nur liebend
und nur barmherzig,
dann würde er nicht Gott sein.
Beten rückt die Verhältnisse
wieder zurecht und lässt uns
die Liebe spüren, die immer
für uns da ist.

Beten heißt, unseren Geist in Liebe und Verehrung mit Gott zu verbinden – und zu hören. Viele von uns nutzen Gebete, um etwas zu erbitten, doch gibt es Dinge, die bereits unser eigener Geist uns zugestehen oder verweigern kann. Wir hegen viele widersprüchliche Wünsche, die uns davon abhalten, das zu empfangen, worum wir bitten. Gott hört die Gebete, die aus tiefstem Herzen kommen, und geht auf sie ein, es sei denn, was wir wünschen, würde uns verletzen. Dennoch wählen wir immer wieder Dinge, die uns zum Schaden gereichen würden. Wenn wir ein Problem haben, dann ist es oft viel sinnvoller, um die Befreiung von der Angst, die zu dem Problem führte, statt um reine Symptombeseitigung zu beten, denn wenn das eigentliche Problem nicht geheilt wird, kommt es in immer neuen Symptomen zum Tragen.

Viele Menschen haben sich bei mir darüber beklagt, dass Gott ihre Gebete nicht erhört. Wenn das zuträfe, dann verlöre Gott gleichsam seine Lizenz als Gott. Tatsächlich sind wir es, die Gott nicht erhören, denn wir haben Angst, er könnte uns auffordern, irgendeine Lieblingskleinigkeit oder einen Lieblingsgenuss aufzugeben oder etwas zu tun, wovor wir uns fürchten. Doch genauso wie wir einem Kind sein Lieblingsspielzeug nicht fortnähmen, so ist auch Gott nicht daran interessiert, uns unserer kleinen Nichtigkeiten zu entkleiden. Er will lediglich verhindern, dass wir uns selbst Leid zufügen wegen irgendwelcher Anhaftungen, die uns niemals glücklich machen können. Gott stattet uns zugleich mit einer Aufgabe, die er uns stellt, und mit der erforderlichen Gnade aus, die uns bei ihrer Bewältigung hilft. Wir sind stets die verlorenen Kinder gewesen, die der höchsten existierenden Kraft die Schuld für unseren Sturz aus dem Paradies in die Schuhe geschoben haben. Wir haben Gott mit der Psychologie eines pubertierenden Jugendlichen ausgestattet. Wenn Gott irgendetwas anderes wäre als nur liebend und nur barmherzig, dann würde er nicht Gott sein. Wir haben den Streik angezettelt, machen aber Gott dafür verantwortlich. Wir bilden uns ein, aus dem Himmel ausgestoßen worden zu sein und das Erleben von Einheit verloren zu haben. Wir wiederholen dieses psychologische Drama wieder und wieder in den tiefsten Windungen unseres Geistes, und wir bezichtigen Gott jedes Missgeschicks und jeder falschen Wahl, die wir doch selbst getroffen haben. Beten ermöglicht uns eine erneuerte Verbundenheit mit unserer Quelle. Es hilft uns, das Wichtige von Unwichtigem zu scheiden und die Gnade und Liebe zu empfangen, die von Gott zu uns zurückfließen. Beten rückt die Verhältnisse wieder zurecht und lässt uns die Liebe spüren, die immer für uns da ist.

Übung

Heute ist ein guter Tag, um einen Besuch zu Hause zu machen, nicht allein zu dem Zweck, um in Gottes Bank etwas abzuheben, sondern um dort ein wenig zu verweilen. Sie können Ihre Liebe und Ihre Dankbarkeit und Ihre Freude teilen und sich an Frieden, Süße, Schönheit und Glückseligkeit erfreuen, die Sie erwarten, wenn Sie Ihren Geist mit Gott im Gebet vereinen.

71. Spielerisch sein

Spielerisch, spontan und
unbekümmert zu sein,
bringt Humor, Spaß und
Euphorie in den sauren Alltag.
Es ist eine Segnung,
die uns im Herzen jung erhält,
gleichgültig wie alt wir sind,
und alles, was wir tun,
mit Freude erfüllt.

Spielerisch zu sein ist eine kreative und heitere Gabe, die uns erfrischt und unser inneres Wachstum fördert. Sie macht die Erfüllung jeder Aufgabe leichter und garantiert, dass wir dabei Freude empfinden und Hilfe empfangen, einfach weil wir Spaß haben. Eine spielerische Herangehensweise ermöglicht es, dass wir unsere Pflichten leicht und uns selbst nicht so wichtig nehmen und damit der schweren Ernsthaftigkeit unseres Egos entgehen. Sie ist eine Segnung, die uns im Herzen jung erhält, gleichgültig wie alt wir sind, und alles, was wir tun, mit Freude erfüllt. Immer wenn wir meinen, stecken geblieben zu sein, uns ausgebrannt oder schwerfällig fühlen, dann hilft diese Haltung, uns wieder auf Erfolg auszurichten. Eine spielerische Natur ist das gewisse Etwas einer Führungspersönlichkeit, um ein Team zu elektrisieren und zu leichter Zusammenarbeit zu motivieren, und das ohne jede Einbuße von Respekt oder Würde. Anstehende Aufgaben spielerisch anzugehen, stärkt den Zusammenhalt einer Gruppe, ohne dass dabei der Sinn für die Bedeutung der Arbeit aus den Augen verloren würde. Es zieht den Erfolg an, ohne dass dafür ein hoher Preis bezahlt werden muss, und erfüllt eine Situation mit Energie und Esprit, die auch dann noch vorhalten, wenn das Team müde und erschöpft ist. Spielerisch, spontan und unbekümmert zu sein, bringt Humor, Spaß und Euphorie in den sauren Alltag.

Übung

Es steht uns frei, uns heute für eine spielerische Haltung zu entscheiden. Diese entspringt einer leichtherzigen Einstellung und der Bereitschaft zum Spielen. Eine spielerische Herangehensweise kann eine vorübergehende Erscheinung sein oder aber eine Lebensweise – uns steht es frei, das eine oder das andere zu wählen. Damit beschenken, unterhalten und beleben wir unsere Mitmenschen. Entschließen Sie sich dazu, anderen und sich selbst diese Gabe zugänglich zu machen.

72. Sich einlassen

Wer sich einlässt, ist sich der
Bedürfnisse und Wünsche
eines anderen bewusst, manchmal nimmt
er sie sogar schon wahr,
noch bevor dieser selbst sie erkennt.
Das beschenkt den Empfänger
und den Gebenden gleichermaßen
mit Zartheit, Nettigkeit und Befriedigung,
denn es heißt, einem anderen
auf eine Weise zu Diensten zu sein,
die Anerkennung und Wertschätzung
signalisiert.

Um ein guter Partner zu sein, aber auch um Führungsqualität zu beweisen, muss man die Fähigkeit haben, sich einzulassen. Unter Partnern fördert sie Nähe und Zusammenarbeit, und wenn man die Rolle einer Führungspersönlichkeit spielt, stellt sie den freien Fluss der Kräfte in beide Richtungen sicher.

Wer sich einlässt, ist sich der Bedürfnisse und Wünsche eines anderen bewusst, manchmal nimmt er sie sogar schon wahr, noch bevor dieser selbst sie erkennt. Achtsamkeit gegenüber anderen ist ein Akt des Interesses und der Liebe, der durch das Interesse, das Sicheinlassen und die damit bewiesene Fürsorge Verbundenheit herstellt und aufbauend wirkt. Wir haben ebenso viel Freude daran, wenn wir uns auf andere oder wenn diese sich auf uns einlassen. Das beschenkt den Empfänger und den Gebenden gleichermaßen mit Zartheit, Nettigkeit und Befriedigung, denn es heißt, einem anderen auf eine Weise zu Diensten zu sein, die Anerkennung und Wertschätzung signalisiert. Sich einzulassen segnet den Gebenden und den Nehmenden. Wer sich nicht für seine eigenen Bedürfnisse tadelt, weiß, dass auch die Bedürfnisse, Hilferufe und Wünsche eines anderen nur mit Aufmerksamkeit, Mitgefühl und Barmherzigkeit beantwortet werden können.

Übung

Ist es nicht wunderbar, wenn Sie sich auf andere Menschen oder diese sich auf Sie einlassen?

Blicken Sie sich um. Wer ist es, der heute darum bittet, dass Sie sich auf ihn einlassen? Was würde diesen Menschen erfreuen und ihm helfen? Was würde ihm das Gefühl geben, dass Sie ihn zu schätzen wissen? Was, im Hinblick auf seine Gefühle, würde sein Bedürfnis nach Anerkennung und Mitgefühl befriedigen?

Auf welche Weise könnten Sie sich dazu verpflichten, sich heute besser auf sich selbst einzulassen?

73. Finstere Geschichten heilen

Aus lauter finsteren Geschichten schreibt
unser Unbewusstes das negative
Drehbuch unseres Lebens zusammen.
Wenn wir erkennen, dass sich eine
bestimmte Geschichte wie ein
roter Faden durch unser Leben zieht,
dann müssen wir uns damit beschäftigen,
aus welchem Grund wir sie immer
und immer wieder inszenieren,
und endlich eine neue Wahl treffen.

Aus lauter finsteren Geschichten schreibt unser Unbewusstes das negative Drehbuch unseres Lebens zusammen. Wir selbst inszenieren diese Geschichten immer wieder, weil wir glauben, dass sie uns das geben, was wir wollen, und uns irgendwie glücklich machen werden. Solche Geschichten sind Krieg, Entsetzen, Tragödie, Mangel, ein gebrochenes Herz, Rache, Seifenopern, Kontrollsucht, Wutausbrüche, Opferhaltung, Märtyrertum, Angst, Schuld, Versagen, Böses und Bösartigkeit, um nur einige wenige zu nennen. Es gibt noch viele andere, die typisch für uns und unser Leben sind. Wir verbergen diese finsteren Geschichten vor unserem Bewusstsein, und doch gehören sie zu den einflussreichen inneren Mustern, die unser Leben im Endeffekt steuern. Zwar können wir die grundlegende Dynamik eines Problems aufarbeiten, doch wenn es sich dabei um ein isoliertes Kapitel einer solchen »Psycho-Saga« handelt, wird diese sich wieder und wieder in unser Leben drängen, auch wenn wir uns bewusst etwas vollkommen anderes wünschen. Wenn wir erkennen, dass sich eine bestimmte Geschichte wie ein roter Faden durch unser Leben zieht, dann müssen wir uns damit beschäftigen, aus welchem Grund wir sie immer und immer wieder inszenieren, und endlich eine neue Wahl treffen. Manchmal erzählen wir uns eine solche Geschichte auf mehreren seelischen Ebenen gleichzeitig. Folglich ist es wichtig, sich dafür zu entscheiden, alle Geschichten gleichen Typs zusammen zu beseitigen. Wenn wir uns etwa in einer Geschichte verfangen haben, die unser Herz bricht, dann ist es ratsam, ausnahmslos alle diesem Typus zuzurechnenden Geschichten, die sich gegenwärtig auf unser Leben auswirken, loszulassen. Denkbar ist außerdem, dass wir eine neue Stufe der Entwicklung erklimmen und dadurch weitere Geschichten derselben Art an die Oberfläche des Bewusstseins gelangen.

Übung

Stellen Sie sich Ihr Leben als ein Filmdrehbuch vor, an dem Sie selbst fortgesetzt schreiben.

- Wie würde der Titel des Films lauten?
- Um welche Art Film würde es sich handeln?
- Wären Sie von Ihrem Film derart gelangweilt, dass Sie einen überwiegenden Teil verschlafen, lieber an der Kinobar sitzen oder sogar nach Hause gehen würden?
- Falls Ihr Leben von einem negativen Muster durchzogen ist, fragen Sie sich intuitiv, welche Art Drehbuch Sie schreiben und in wie vielen Varianten.
- Fragen Sie sich, welchem Zweck diese finsteren Geschichten dienen.
- Entscheiden Sie sich, all diese negativen Geschichten aufzugeben und durch eine glückliche zu ersetzen.

74. Die richtige Einstellung

Wir alle müssen Niederlagen hinnehmen, und wir alle machen Fehler, doch mit einer positiven Einstellung ist die letzte Konsequenz dieser Niederlagen Heilung, da wir sie zur Beseitigung negativer Muster nutzen und mit ihrer Hilfe wertvolle Lektionen lernen.

Unsere innere Einstellung gibt vor, wohin wir unterwegs sind. Sie ist zustande gekommen durch eine ganze Reihe von Entscheidungen, die alle in dieselbe Richtung weisen. Im Wesentlichen gibt es für uns zwei Richtungen: eine hin zum Leben und eine, die zum Tod führt. Jede Entscheidung für Liebe, Vergebung, Verbundenheit, Bindung, Verständigung, Glück, Gnade und Zusammenarbeit führt zum Leben. Wer hingegen Groll, Anhaften, Autoritätskonflikt, Opferbereitschaft, Wut, Rache, Verurteilung, Schuld, Angst und Trennung wählt, der ist in Richtung Tod unterwegs. Unsere grundlegende innere Einstellung bildet sich bereits früh heraus, und im Allgemeinen ist sie eine der wichtigsten Festlegungen, die wir im Hinblick auf einen bestimmten Lebensaspekt treffen. Wir alle müssen Niederlagen hinnehmen, und wir alle machen Fehler, doch mit einer positiven Einstellung ist die letzte Konsequenz dieser Niederlagen Heilung, da wir sie zur Beseitigung negativer Muster nutzen und mit ihrer Hilfe wertvolle Lektionen lernen. Wenn wir allerdings eine negative Einstellung haben, dann bilden Niederlagen und Fehler ein Muster der Selbstzerstörung aus, die unseren Kampf mit dem Leben, mit uns selbst und mit Gott noch verschärfen. Selbstverständlich gibt es typische Bereiche, in denen wir eine positive Einstellung haben, und solche, in denen sie negativ ist. Unsere negativen Einstellungen veranlassen uns zu Angriffen, Selbstzerstörung und Tod. Daher müssen wir uns unser Tun und die Wirkung, die es auf uns und andere hat, bewusst machen und statt einer negativen eine Einstellung wählen, die das Leben bejaht.

Übung

Untersuchen Sie Ihr Leben auf Konflikte hin und auf Einstellungen, die negativ oder destruktiv sind. Nichts Gutes erwächst aus Negativität und Destruktivität und diese Tatsache allein schon könnte Ihr Leben zerstören. Nehmen Sie sich vor, Entscheidungen zu treffen, mit denen Sie das Leben bejahen. Ihre innere Einstellung ist entweder Ihr attraktivster oder Ihr abstoßendster Zug. Auf jeden Fall aber entscheidet sie über Erfolg und Misserfolg, je nachdem welche Richtung Sie einschlagen.

75. Selbstliebe

Selbstliebe heißt im Grunde,
sich selbst so zu sehen,
wie Gott uns sieht,
und zwar als liebenswerten
und kostbaren Menschen, der alles
nur denkbare Gute wert ist.
Selbstliebe ist ein Geschenk
an uns selbst wie auch an andere,
denn so, wie wir uns selbst bewerten
und beschenken, so bewerten
und beschenken wir auch
unsere Mitmenschen.

Selbstliebe ist von entscheidender Bedeutung, wenn wir wahre Liebe, Glück, Erfolg, Gesundheit und Fülle erfahren wollen. Die meisten Menschen behandeln sich selbst so schlecht, dass sie im Gefängnis landen würden, wenn sie die gleiche Behandlung ihren Mitmenschen zumuteten. Was wir uns selbst antun, würde uns bei anderen nicht verziehen. Selbstliebe heißt im Grunde, sich selbst so zu sehen, wie Gott uns sieht, und zwar als liebenswerten und kostbaren Menschen, der alles nur denkbare Gute wert ist. Selbstliebe ist ein Geschenk an uns selbst wie auch an andere, denn so, wie wir uns selbst bewerten und beschenken, so bewerten und beschenken wir auch unsere Mitmenschen. Wenn wir uns selbst lieben, dann erlauben wir es anderen ebenfalls, uns zu lieben. Wir öffnen uns der Gnade und gestatten uns, von der reichen Fülle des Lebens zu empfangen. Selbstliebe zeigt ein gesundes Selbstvertrauen an, ermöglicht ein friedliches, in seiner Mitte ruhendes Leben. Sie befähigt uns, auch anderen dabei zu helfen, den wahren Sinn aller Herausforderungen ihres Lebens zu erkennen, ja, sie offenbart den Sinn unseres Lebens schlechthin, sie hilft bei der Erfüllung unseres Lebenszwecks, bei all unseren kreativen Bestrebungen und macht ein Annehmen des eigenen Schicksals leicht.

Selbstliebe will, dass wir einfach um des Glückes willen glücklich sind, und sie möchte sich frei entfalten dürfen. Unsere Selbstliebe erlaubt es uns überhaupt erst, auch andere zu lieben und zu wertschätzen. Sie stellt ein Beziehungsgrundgerüst her, das Geben und Empfangen trägt, sie hilft uns, andere ebenso zu wertschätzen wie uns selbst, und öffnet uns die Tür, um Gott und seine Liebe zu erfahren.

Übung

Machen Sie heute eine Bestandsaufnahme im Hinblick auf die Liebe, die Sie sich selbst entgegenbringen. Betrachten Sie alles Gute, das sich ereignet, als einen Schritt in die richtige Richtung. Gönnen Sie sich Ihre Selbstliebe. Sie ist eine der großen Gaben, die Sie an die Menschen weiterreichen können, die Sie lieben, insbesondere an Ihren Partner und an Ihre Kinder.

76. Ego-Verschwörungen heilen

Die meisten Ego-Verschwörungen sind von so überwältigender Raffinesse, dass sie eigentlich narrensicher erscheinen. Narrensicher mögen sie wohl sein, nicht aber gottsicher. Indem wir unsere Ego-Verschwörungen heilen, gelingen uns die wohl größten Entwicklungsschritte.

Eine Verschwörung ist eine vom Ego derart kunstvoll aufgebaute Falle, dass wir meinen, niemals wieder aus ihr herauszukommen. Typischerweise gelingt dem Ego dies durch die Intensität des Konflikts oder dadurch, dass es ihn bis zur Unkenntlichkeit verbirgt, oder durch die komplexe Dynamik der an einem Problem beteiligten seelischen Schichten. Die meisten Ego-Verschwörungen sind von so überwältigender Raffinesse, dass sie eigentlich narrensicher erscheinen. Narrensicher mögen sie wohl sein, nicht aber gottsicher. Bereits die Erkenntnis, dass ein chronisches Problem eigentlich eine Ego-Verschwörung ist, stellt einen Durchbruch dar. Das Ego schmiedet seine Verschwörungen, um unsere Entwicklung fehlzusteuern, zu bremsen oder zum Stillstand zu bringen, damit der Status quo erhalten und die Kontinuität gewahrt bleibt. Hinter jeder Ego-Verschwörung steht eine Strategie: der Versuch, etwas Bestimmtes zu bekommen, zu beweisen, zu verbergen, zurückzuzahlen, zu kontrollieren, zu entschuldigen, zu verteidigen, zu rächen und so fort. Manchmal beschaffen uns diese ausgefeilten Komplotte tatsächlich das, was wir durch sie erreichen wollen, aber sie machen uns niemals glücklich. Manchmal verteidigen sie uns gegen Schmerzhaftes oder Negatives, manchmal schirmen sie uns gegen eine Gabe oder eine gute Gelegenheit ab, die uns auf eine neue Ebene der Freiheit heben würde und vor der das Ego sich fürchtet, weil es dann einen Kontrollverlust hinnehmen müsste. Indem wir unsere Ego-Verschwörungen heilen, gelingen uns die wohl größten Entwicklungsschritte. Außerdem können wir uns einigen der größten Gaben und einer ganz neuen Sichtweise auf unser Leben öffnen.

Übung

Untersuchen Sie Ihr Leben auf chronische Probleme hin, bei denen es sich um Ego-Verschwörungen gegen Sie selbst, Ihren Lebenszweck oder Ihr Wohl handeln könnte. Entscheiden Sie sich, Ihre Ego-Verschwörungen aufzugeben, damit Gaben und gute Gelegenheiten zum Zuge kommen. Treffen Sie eine neue Wahl, und entscheiden Sie sich für das, was Sie wirklich wollen. Erbitten Sie die Gnade, die Ego-Verschwörungen leicht und wirkungsvoll aufzulösen und auf eine neue Ebene des Erfolges und der Liebe zu gelangen.

77. Selbstvergebung

Was wir uns selbst
nicht vergeben, können wir
auch anderen nicht vergeben.
Gelingt es uns umgekehrt jedoch,
uns selbst zu vergeben,
dann bringen wir Unschuld
statt Tadel und Schuld über
die Menschen, die wir lieben.

Dieses wirkungsvolle Heilgeschenk verwandelt unser Leben und unsere Welt, befreit von schwerer, überflüssiger Last, und bewahrt vor Selbstangriffen, die immer unberechtigt sind. Was wir uns selbst nicht vergeben, können wir auch anderen nicht vergeben. Stattdessen bestrafen wir andere für das, was wir selbst vermeintlich falsch gemacht haben. Gelingt es uns umgekehrt jedoch, uns selbst zu vergeben, dann bringen wir Unschuld statt Tadel und Schuld über die Menschen, die wir lieben.

Schuld ist eine Ego-Falle, mit dem Ziel, uns von unseren Mitmenschen zu trennen und in Angst zu halten. Schuld verstärkt unsere Fehler und lässt uns nur den inneren Rückzug offen oder eine stärkere Wiederholung des Fehlers – bis wir die Lektion gelernt haben. Angenommen, wir lassen uns auf einen Seitensprung ein – ein schwerer Fehler, wenn man sich in einer festen Beziehung befindet. Er wird uns entweder dazu veranlassen, uns aus dem Gefühl der Schuld und Unwürdigkeit heraus von unserem Partner zurückzuziehen, oder aber wir wiederholen den Fehler und lassen die Situation zu einem Teufelskreis eskalieren, in dem fehlerhaftes Handeln, Schuld, Kompensation, mehr Schuld und so fort sich gegenseitig verstärken. Ob wir nun in den Kreislauf von Untreue, Schuld, Untreue, mehr Schuld geraten oder aus Schuldgefühlen in das Muster des inneren Rückzugs verfallen – beides ruft Verhaltensweisen hervor, die unsere Beziehung schwächen und schließlich vielleicht zerstören. Selbstvergebung bedeutet, wir korrigieren den Fehler und lernen die Lektion. Wir wiederholen weder den Fehler, noch errichten wir ein Denkmal aus Schuldgefühlen. Selbstvergebung heilt die Angst unter der Schuld und ermöglicht uns Weiterentwicklung.

Selbstvergebung ist eine unserer schwierigsten Lektionen, denn sie lehrt uns, dass nur Unschuld die Welt retten kann und dass wir mit ihrer Rettung bei uns selbst beginnen müssen. Selbstvergebung ist eines der wunderbarsten Geschenke, die wir geliebten Menschen machen können, denn erst wenn wir uns selbst vergeben haben, sind wir in der Lage, sie an jenen Aspekten von uns teilhaben zu lassen, die verloren waren oder die wir in uns zurückgehalten haben. Sobald wir uns selbst in einem bestimmten Bereich geheilt und unsere Unschuld wiederhergestellt haben, werden wir in diesem Bereich selbst zu Heilern. Dann können wir andere so befreien, wie wir zuvor uns selbst befreit haben.

Übung

Sehen Sie sich heute das genau an, was Sie sich selbst nicht vergeben können. Sind Sie bereit, sich heute zum Wohl Ihrer Kinder und der Menschen, die Sie lieben, selbst zu vergeben? Die einzige andere Option ist äußerst erfolglos und veranlasst Sie nur, an ihnen das auszulassen, was Sie an sich selbst verurteilen. Selbstvergebung ist das beste Geschenk, das Sie der Welt heute machen können, denn Sie befreien damit sowohl sich selbst als auch die Welt.

78. *Humor*

Humor bringt ebenso viel
Befreiung und Heilung
wie Weinen und hilft uns
durch die Zwangslagen,
aus denen wir uns nicht
befreien zu können meinen.
Er löst Angst, Schmerz,
Schuld und Klammern auf
und macht deutlich,
was unwahr und
unpassend ist.

Humor ist ein Aspekt innerer Souveränität, der uns physisch, emotional und mental verwandeln kann. Humor bringt ebenso viel Befreiung und Heilung wie Weinen und hilft uns durch die Zwangslagen, aus denen wir uns nicht befreien zu können meinen. Er löst Angst, Schmerz, Schuld und Klammern auf und macht deutlich, was unwahr und unpassend ist. Humor ist spielerisch, nimmt sich selbst leicht, ermöglicht harmonischen Fluss und Erfrischung. Er gestattet außerdem eine wirkungsvolle Erforschung heikler Angelegenheiten und geht mit leichten Tönen geschickt ernste oder kritische Themen an. Humor ist eines der wirkungsvollsten Verständigungsmittel. Er setzt jede Angelegenheit in ein neues Licht und hilft, mit extremen Situationen fertig zu werden. Mit liebenswürdiger Übertreibung oder zum Lachen reizender Eigenwilligkeit rückt er unser Leben wieder in die richtige Perspektive. Humor lässt es nicht zu, dass wir irgendwo stecken bleiben. Er befreit uns aus Gefängnissen, in die wir uns selbst eingesperrt haben, bringt uns wieder in die Gänge und auf den richtigen Weg. Humor ist eine Verbindung aus Spiel und Inspiration, die uns gemeinsam mit anderen lachen lässt.

Die Ewigkeit lacht über unsere Zwangslage im Korsett der Zeit. Humor ist eine angemessene Reaktion darauf, dass sich unsterbliche Wesen wie wir zu den Vorstellungen und Dilemmata der Zeit, des Leids, von Krankheit, Altern und Tod verleiten lassen. Freuen wir uns heute an dem Witz, der auf unsere Kosten geht, und sehen wir den kosmischen Humor in allem!

Übung

Entscheiden Sie sich heute für spielerische Inspiration. Finden Sie Ihre humorvolle Seite und öffnen Sie sich ihr. Lassen Sie sich von allem, was Sie umgibt, zum Lachen bringen.

79. Achtsamkeit

Wirklich achtsam zu sein, führt ein natürliches Stimmungshoch herbei und entwickelt das Bewusstsein derart, dass wir uns der Liebe und Einheit besser öffnen.
Damit befähigen wir uns, die Ereignisse auf eine Weise mitzuerleben, die ihre volle Entfaltung ermöglicht.

*A*chtsamkeit ist jene stimulierende Tätigkeit des Bewusstseins, durch die wir erkennen, wie sich die Welt entfaltet. Sie bringt unser Inneres in Vorwärtsbewegung, lässt uns erkennen, dass der Bewusstseinsprozess ein sich ständig vertiefendes Bedenken der Dinge auf vielen Wirklichkeitsebenen ist. Mit der Achtsamkeit nimmt auch die Freude zu, wird uns schließlich das Glück geschenkt, das sich entfaltende Universum in die Einheit zurückkehren zu sehen. Wirklich achtsam zu sein, führt ein natürliches Stimmungshoch herbei und entwickelt das Bewusstsein derart, dass wir uns der Liebe und Einheit besser öffnen. Damit befähigen wir uns, die Ereignisse auf eine Weise mitzuerleben, die ihre volle Entfaltung ermöglicht. Achtsamkeit vergrößert das Vergnügen am Leben, macht die Verbindungen zwischen den einzelnen Elementen eines Ereignisses sichtbar und vermag sich selbst so zu steigern, dass vorauswissender Einfallsreichtum zu einer alltäglichen Erfahrung wird. Indem wir Achtsamkeit entwickeln, nehmen wir Einfluss auf das Gesamtbewusstsein der Menschheit, sodass letztlich jeder vom Erwachen des Bewusstseins eines anderen profitiert. Die Macht eines einzigen Geistes, der zur Erleuchtung findet, sein bewusstes Erkennen der Einheit von allem, was ist, ist ein Beitrag, um die Welt auf eine vollkommen neue Ebene zu heben.

Übung

Entscheiden Sie sich heute zu einem Bewusstseinssprung: *eines* Geistes zu sein und vereint mit anderen gleichen Geistes.

80. Selbstangriffe aufgeben

Jedes Mal, wenn wir einen
anderen angreifen, verletzen
wir zuerst uns selbst.
Jeder Selbstangriff verbirgt
Gaben der Liebe, die noch
in uns schlummern und
auch groß genug sind,
um die Familie zu heilen.

Selbstangriffe sind eine der großen Menschheitsplagen. Jeder Angriff, den jemand oder etwas gegen uns zu richten scheint, ist eine Form des Selbstangriffs. Stress, negative Gedanken und übertriebener Leistungszwang sind Formen von Selbstangriff. Jedes Mal, wenn wir einen anderen angreifen, verletzen wir zuerst uns selbst. Das Maß unserer Selbstangriffe bestimmt das Maß unserer Angst und unseres Selbstwertverlusts. Wenn wir Angst haben, können wir die Wahrheit nicht erkennen. Wenn wir uns wertlos fühlen, empfinden wir auch andere als wertlos. Dies wiederum bewirkt den Zusammenbruch von Beziehungen, von Verlässlichkeit und Zuwendung, denn wir haben zu viel Angst und fühlen uns zu wertlos, um uns nachhaltig auf eine Beziehung einlassen zu können.

Auf der tiefsten Ebene ist Selbstangriff mit Rache und Rebellion verbunden, die sich zugleich gegen unsere Eltern und Gott richten, weil sie sich besser um uns hätten kümmern sollen. Wir sprechen sie schuldig dafür, dass wir selbst etwas Bestimmtes tun oder nicht tun. Wir tadeln sie dafür, dass sie uns das nicht geben, wofür wir doch gekommen sind, um es unserer Familie zu geben. Zum Beispiel halten wir ihnen vor, uns nicht genügend geliebt zu haben, als wir selbst mit unserer Liebe die Familie zu heilen versuchten. Dahinter jedoch verbirgt sich ein Selbstangriff, denn wir halten uns für nicht liebenswert genug. Hinter jeder Schuldzuweisung innerhalb der Familie steht eine Selbstbezichtigung, ein Selbstangriff als Vergeltung dafür, dass wir der Familie nicht hinreichend geholfen haben. Jeder Selbstangriff verbirgt Gaben der Liebe, die noch in uns schlummern und auch groß genug sind, um die Familie zu heilen. Tatsächlich verfügten unsere Eltern nie über das, was wir von ihnen zu empfangen wünschten, sonst hätten sie es mit uns geteilt. Unter all dem Schmerz und Groll in uns versteckt sich dennoch die Gabe, unsere Familie zu befreien. Wir müssen nur lange genug darauf verzichten, sie oder uns selbst anzugreifen, um zu erkennen, dass wir diese Gabe besitzen und sie mit anderen teilen können. Das Ego benutzt verschiedenste Formen des Selbstangriffs wie Schmerz, Schuldzuweisungen, Schuldgefühle und negative Selbstbilder wie etwa die Vorstellung, schwach oder nicht liebenswert zu sein, um uns den Blick auf die großartige Gabe in uns zu verstellen. Wir sind so sehr damit beschäftigt, uns selbst anzugreifen, dass wir gar nicht erkennen, wie viele Menschen uns und die Gabe in uns, diesen tiefsten Ausdruck der Liebe, brauchen.

Übung

Nehmen Sie sich heute dreimal, am besten morgens, mittags und abends, ausreichend Zeit, um sich Ihrer Gedanken bewusst zu werden. Nehmen Sie bewusst die Gedanken wahr, die durch Ihren Geist strömen. Wenn ein negativer Gedanke daherkommt, dann halten Sie inne und sagen Sie zu sich: »Dieser Gedanke ist eine Form des Selbstangriffs, die ich mir nicht mehr länger zumuten will.«

81. Innigkeit

Innigkeit bedeutet,
dass man mit den Gefühlen
und Offenbarungen zurechtkommt,
die Nähe zu anderen Menschen
mit sich bringt.
Sie schenkt uns den Mut,
uns auf dem Weg der Beziehungen
zusammenzutun, und führt uns
zu noch größerer Liebe und Freude.

Innigkeit ermöglicht es uns, in unmittelbarer Nähe zu jemand oder etwas zu verweilen. Sie sorgt dafür, dass wir uns und andere nicht länger zu Objekten machen, und ermöglicht verbindliche Beziehungen, die Partnerschaft, Gegenseitigkeit und Anteilnahme fördern. Innigkeit heilt Schwierigkeiten, Probleme und Angst, denn die Nähe zu anderen Menschen lässt solche Störfaktoren, die sich zwischen uns schieben, einfach nicht mehr zu. Sie heilt außerdem die Trennung, die Angst und Verurteilung überhaupt erst bewirkt. Sie öffnet für uns eine Schatztruhe mit all den Dingen, nach denen wir uns im Leben sehnen: Zugehörigkeit, Verständnis, Vereinigung, Zärtlichkeit, Süße, Liebe, Zuversicht, Erfolg, Angemessenheit, Vertrauen, Fülle, Attraktivität und ein angenehmes Erschauern.

Innigkeit bedeutet, dass man mit den Gefühlen und Offenbarungen zurechtkommt, die Nähe zu anderen Menschen mit sich bringt. Sie schenkt uns den Mut, uns auf dem Weg der Beziehungen zusammenzutun, und führt uns zu noch größerer Liebe und Freude. Sie gewährt uns den Zugang zu einem prickelndem Energiestrom, erneuert und stärkt uns. Innigkeit ist ein kostbares Juwel des Lebens, vor dem sich dennoch viele Menschen fürchten, weil sie meinen, nicht gut genug dafür zu sein. Es ist die Angst vor dem Kontrollverlust und vor der mit ihr einhergehenden Selbstoffenbarung, die diese wunderbare Gabe blockiert. Innigkeit ist das adäquate Mittel gegen Abhängigkeit, Opferbereitschaft, falsche Unabhängigkeit und damit all jene Rollen, die wir spielen, wenn wir frühere Verluste nicht abschließend betrauert haben. Die Größe unseres Wunsches nach und unsere Angst vor Innigkeit bestimmen, in welchem Maß sie in unser Leben einzieht oder nicht. Innigkeit stellt Bindung in der Gegenwart wieder her, heilt die Vergangenheit und sorgt dafür, dass das Jetzt dem Paradies am nächsten kommt.

Übung

Falls Sie diese Frage beantworten können: Was ist es, das Ihnen den Zugang zu Nähe verstellt?

Stellen Sie sich vor, dass sich Innigkeit oder ein Mensch, dem Sie sich nahe fühlen wollen, an dem am weitesten von Ihnen entfernten Punkt im größten Zimmer Ihres Hauses befindet. Was Sie beide von Innigkeit trennt, sind Ihre Ängste. Was hindert Sie daran, sich dieser Innigkeit, diesem Menschen zu nähern? Wenn Sie Ihre Situation verbessern wollen, dann lassen Sie los, was Sie zurückhält, und machen Sie einen Schritt auf ihn zu. Was ist es, das Sie jetzt zurückhält? Lassen Sie es los und machen Sie einen Schritt vorwärts. Wiederholen Sie diese Übung, bis in Ihnen ein Bild davon entsteht, wie Sie die Nähe mit dem Menschen, dem Sie sich nahe fühlen möchten, annehmen.

82. *Geliebt werden zulassen*

Wenn wir uns der Liebe ausliefern und akzeptieren, dass wir Kinder Gottes sind, dann erlangen wir Verbundenheit, Vertrautheit, Familie, Freunde und Partner. Wir finden Frieden, Fülle, Hilfe, wenn wir sie brauchen, und, am wichtigsten, Glück.

Unser Leben würde sich auf wundersame Weise verändern, wenn wir uns nur lieben ließen. Und selbst dann, wenn uns dies gelingt, sind da noch viele Bereiche unseres Selbst, die wir abgespalten und als unwert für die Liebe verurteilt haben. Wir haben viele Gründe, die Liebe anderer zurückzuweisen, doch keiner davon besitzt echte Gültigkeit. Wir sind beherrscht von Angst, Schuld, Versagen, gebrochenen Tabus, Kummer, Rache, Rückzug, Kontrolle, Depression, Rollenspiel und einem allgemeinen Mangel an Vertrauen und Empfänglichkeit. Irgendwie haben wir uns entschieden, Liebe nicht zuzulassen, und verhalten uns, wenn uns Liebe entgegengebracht wird, wie das typische »verlorene Kind« oder wie ein Desperado. Gott erschuf uns nach seinem Bilde. Also hat Gott, der Liebe ist, uns als Liebe erschaffen. Doch aus unserer Arroganz heraus haben wir andere Vorstellungen von uns und machen uns andere Pläne, als Gott sie für uns hat. Wir haben Angst davor, geliebt zu werden, weil wir meinen, dann einem anderen etwas schuldig zu sein. Wir wehren uns gegen Bindungen, weil wir glauben, dass vollständige Unabhängigkeit uns glücklich macht. Doch indem wir Partnerschaft zugunsten falscher Unabhängigkeit vermeiden, verurteilen wir uns zu einem Leben, das beherrscht wird von Einsamkeit, Konkurrenz und Ängsten, die sich unter unserem Lossagen verstecken. Aus dieser wettkampforientierten Haltung heraus meinen wir feststellen zu können, dass Gott selbst seine Schöpfung vermasselt hat. Wir meinen, nur unser Leben oder die Welt ansehen zu müssen, um zu beweisen, dass Gott versagt hat und dass wir nun besser alles selbst in die Hand nehmen sollten. Wenn wir uns jedoch der Liebe ausliefern und akzeptieren, dass wir Kinder Gottes sind, dann erlangen wir Verbundenheit, Vertrautheit, Familie, Freunde und Partner. Wir finden Frieden, Fülle, Hilfe, wenn wir sie brauchen, und, am wichtigsten, Glück.

Übung

Achten Sie heute darauf, wenn Ihnen jemand Liebe zu zeigen versucht. Nehmen Sie sich morgens als Erstes vor, sich heute zu öffnen. Immer wenn Sie sich in einem bestimmten Bereich von jemandem, der Ihnen nahe steht, nicht geliebt fühlen, haben Sie sich in diesem Bereich vor der Liebe verschlossen. Überwinden Sie heute den damit verbundenen Schmerz. Machen Sie sich all die Liebe bewusst, die Ihre Freunde für Sie empfinden. Spüren sie all die Liebe, die Ihre Familie Ihnen schenkt, und beginnen Sie mit Ihren Eltern, als Sie selbst noch ein kleines Kind waren. Schließlich richten Sie Ihr Bewusstsein auf all die Liebe, die Gott Ihnen heute anbietet. Lassen Sie all die Liebe zu, die Sie in Beziehungen der Vergangenheit, von Freunden, Betreuern, Mentoren, Lehrern oder Schülern zurückgewiesen haben. Öffnen Sie sich heute für die Liebe.

83. Fehler zugeben

Wenn wir mit einem Menschen
irgendein Problem haben,
sind *wir* aufgerufen, zu lernen
und etwas zu korrigieren.
Sobald wir aufhören, unsere
Verantwortung für das Problem
oder die Situation zu leugnen,
und uns unseren Fehler eingestehen,
öffnen wir uns, um zu lernen.

Wenn wir mit einem Menschen irgendein Problem haben, sind *wir* aufgerufen, zu lernen und etwas zu korrigieren. Urteilen und klagen wir angesichts unseres Problems, so verschwenden wir nur Energie und verschließen uns der Chance zur Weiterentwicklung. Der Konflikt im Äußeren verweist auf einen Konflikt im Inneren. Die Person, mit der wir Schwierigkeiten haben, deutet auf einen Teil unserer selbst, den wir nicht annehmen können.

Sobald wir aufhören, unsere Verantwortung für das Problem oder die Situation zu leugnen, und uns unseren Fehler eingestehen, öffnen wir uns, um zu lernen. Unser höherer Geist hat nun die Möglichkeit, die Situation so zu gestalten, dass Verständnis für das Problem entsteht und eine Lösung sich abzeichnet. Wir sehen ein, dass *wir* bisher den Beitrag verweigert haben, der die Situation sofort bereinigt hätte. Indem wir Fehler zugeben, wird der Weg frei für Korrekturen. Dabei handelt es sich nicht um das Eingestehen einer Schuld, die uns am Vorankommen hindert, sondern um die Übernahme einer Verantwortung, die Leugnen vermeidet und uns wissen lässt, dass es immer noch etwas zu lernen gibt. Sobald wir glauben, alles zu wissen, oder meinen, alle Perspektiven eingenommen zu haben, verfangen wir uns in Unwissenheit und Ablehnung. Bis wir und die Menschen in unserem Umfeld glücklich und erfolgreich sind und bis Einheit eingezogen ist, gibt es immer noch etwas zu lernen. Indem wir unsere Fehler zugeben, öffnen wir uns dem Lernen und unserer weiteren Entwicklung.

Übung

Beschäftigen Sie sich heute mit den Problemen und Situationen, in denen Sie sich hartnäckig im Recht fühlen. Welche Fehler können Sie zugeben? Was halten Sie zurück? Welche Trennung oder welchen inneren Kampf lassen Sie nicht los? Übernehmen Sie heute die Verantwortung, und geben Sie Ihre Fehler zu, damit sie korrigiert werden können.

84. Ergebung

Ergebung ist die Bereitschaft,
unsere Position aufzugeben,
damit wir uns mit einer anderen Person,
mit einer Wahrheit oder einer neuen
Herangehensweise verbinden können.
Wenn ein Paar streitet, und ein
Partner ergibt sich dem anderen,
dann erschließt sich eine neue Ebene,
auf der beide sich als Gewinner
fühlen können.

Ergebung ist die Bereitschaft, unsere Position aufzugeben, damit wir uns mit einer anderen Person, mit einer Wahrheit oder einer neuen Herangehensweise verbinden können. Ergebung bedeutet, wir sind bereit, das Trennende zu überwinden, um uns mit dem anderen zusammenzutun. Zwar stimmen wir möglicherweise mit seiner Position oder seiner Meinung nicht überein, doch verbinden wir uns mit ihm, indem wir unsere Position loslassen, um auf einer neuen Ebene der Wahrheit und Partnerschaft die Integration seiner und unserer Auffassung zu ermöglichen. Wenn ein Paar streitet, und ein Partner ergibt sich dem anderen, dann erschließt sich eine neue Ebene, auf der beide sich als Gewinner fühlen können. Schließen sie jedoch faule Kompromisse oder flüchten sie sich in Opferbereitschaft, dann bleibt ihre Ergebung auf halbem Weg stecken, und beide fühlen sich als Verlierer. Das aber bedeutet, dass sich der Konflikt fortsetzt und beide Seiten weiterhin um den Sieg ringen werden. Wenn einer der beiden verliert, wird er weiterhin versuchen, durch einen Hinterhalt oder Angriff die Konten der Beziehung auszugleichen.

Ergebung ist für beide Partner ein rascher Weg zur Lösung des Problems. Ergebung verlangt Mut, doch ermöglicht sie bedeutende und positive Ergebnisse, die eine überwältigende emotionale Erfahrung sein können. Es gibt so viele Bereiche, in denen wir meinen, die Antwort zu haben, oder in denen wir uns hartnäckig im Recht fühlen. Sie alle machen deutlich, dass wir aufgehört haben zu wachsen und zu lernen und begonnen haben zu sterben. Ergebung ist keine abschließende Antwort oder Wahrheit. Sie hilft uns aber, aus einer verfahrenen Situation herauszufinden, uns mit dem anderen zu verbinden und erzeugt ein Klima der Verbundenheit und umfassenderen Wahrheit. Immer wenn wir einen anderen Menschen bekämpfen, bekämpfen wir auch uns selbst und Gott.

Übung

Öffnen Sie sich heute der Ergebung, um sich mit dem Menschen zu verbinden, mit dem Sie Meinungsverschiedenheiten haben. Sobald Sie das Gefühl entwickeln, mit Ihren Mitmenschen immer mehr im Frieden zu leben, ergeben Sie sich der Wahrheit und Gott. Geben Sie Ihre verhärtete Position auf und verbinden Sie sich mit dem anderen. Oder entwickeln Sie wenigstens die Bereitschaft zu einem solchen Schritt.

85. *Erfolg genießen*

Erfolg kann entstehen, wenn wir uns für ihn entscheiden und uns ihm ganz und gar hingeben, während wir zugleich offen sind, um zu empfangen. Sobald wir auf Erfolg vorbereitet sind und ein entsprechendes Fundament errichtet haben, brauchen wir nur noch Mut und Zutrauen, um Erfolg zu empfangen und zu genießen.

Wir können unseren Erfolg genießen, wenn wir endlich unsere Angst vor ihm überwunden haben. Manche Menschen arbeiten ihr Leben lang hart, um erfolgreich zu sein, und erkennen nicht, dass nach Abschluss der Anfangsphase größere Anstrengung keineswegs größeren Erfolg bedeutet. Wenn Sie sich ständig anstrengen müssen, dann stimmt einfach etwas nicht. Fleiß in jungen Jahren ist zugleich notwendig und lobenswert. Sobald wir jedoch eine Ebene erreicht haben, auf der andere unter unserer Leitung arbeiten, verliert der eigene harte Einsatz an Wirksamkeit. Er behindert sogar die Führungskunst und das Delegieren. An irgendeinem Punkt erlangen wir die nötige Zuversicht, um erfolgreich zu sein. Dann erst empfangen wir Erfolg und können ihn genießen, ohne uns jeden einzelnen Schritt des Weges vorantreiben zu müssen. Mangelnde Zuversicht bewirkt krampfhafte Anstrengung und rückt Erfolg in weite Ferne. Harte Arbeit dient nur der Kompensation unserer negativen Gefühle und Selbstbilder und der Vermeidung von Erfolg, Gaben und guten Gelegenheiten. Als Führungspersönlichkeit benötigen wir Zeit zum Nachdenken, für Inspiration und Intuition, um Prioritäten zu setzen, um zu delegieren, zu lernen, Störungen zu beseitigen und um diejenigen zu lenken und zu fördern, an deren Spitze wir gestellt wurden. Sie werden uns mit ihrer Arbeit ebenso unterstützen, wie wir dies ihnen gegenüber mit unserer Führung und Aufmerksamkeit tun.

Erfolg kann entstehen, wenn wir uns für ihn entscheiden und uns ihm ganz und gar hingeben, während wir zugleich offen sind, um zu empfangen. Viele von uns haben mehr Erfolg, als sie überhaupt genießen können. Das liegt daran, dass sie zwar erfolgreich sind, diesen Erfolg aber nicht spüren. Aller Erfolg reicht nicht aus, wenn wir meinen, nicht gut genug zu sein. Selbst wenn wir es dann bis ganz nach oben geschafft haben, halten wir nicht inne, um unseren Erfolg zu genießen. Egal ob unser Erfolg zu- oder abnimmt, wir treiben uns weiter voran. Wir sind nicht offen, um Erfolg zu empfangen und uns an ihm zu erfreuen, und damit bleiben auch echte Erholung und die veränderte Perspektive aus, die für die weiteren Schritte in unserem Leben so wichtig wären. Sobald wir auf Erfolg vorbereitet sind und ein entsprechendes Fundament errichtet haben, brauchen wir nur noch Mut und Zutrauen, um Erfolg zu empfangen und zu genießen.

Übung

Heute ist kluger statt harter Einsatz gefragt. Öffnen Sie Ihrem Erfolg alle Türen, und genießen Sie jeden Augenblick des Erfolges, der Ihnen heute und jeden Tag zuteil wird. Falls Sie zu hart arbeiten, finden Sie heraus, was es sein könnte, dem Sie aus dem Weg gehen und warum.

86. Partnerschaft-lichkeit

Partnerschaftlichkeit entsteht, wenn man sich entscheidet, eines Geistes zu sein, sich gegenseitig unterstützt, sich aufeinander festlegt und möglichst authentisch miteinander umgeht. Partnerschaftlichkeit lässt es nicht zu, dass Probleme oder Schwierigkeiten wichtiger werden als die Partnerschaft selbst.

Partnerschaftlichkeit ist die Bereitschaft, den anderen als gleichgestellt zu sehen und sich mit ihm im Streben nach einem gemeinsamen Ziel zusammenzutun. Die Früchte von Partnerschaftlichkeit sind Erfolg, Fülle, Freude und Vertrautheit, um nur einige wenige zu nennen. Partnerschaftlichkeit entsteht, wenn man sich entscheidet, eines Geistes zu sein, sich gegenseitig unterstützt, sich aufeinander festlegt und möglichst authentisch miteinander umgeht. Partnerschaftlichkeit lässt es nicht zu, dass Probleme oder Schwierigkeiten wichtiger werden als die Partnerschaft selbst. Weil die Beziehung an erster Stelle steht, rutschen alle übrigen Aspekte automatisch auf den ihnen gebührenden Platz und schaffen Raum für Entspannung und Freude. Jede Partnerschaft durchläuft typischerweise Phasen der Flitterwochen, der Machtkämpfe und der Angst verbergenden Dumpfheit, bis sie eine echte partnerschaftliche Ebene erreicht. Doch wenn die Beziehung von Partnerschaftlichkeit und von Engagement als den wichtigsten Medien der Heilung und Freude erfüllt ist, dann ist sie von Anfang an ein Genuss. Partnerschaftlichkeit macht einen Reifegrad sichtbar, der alte Wunden, den Groll der Vergangenheit, Bedürftigkeit, falsche Unabhängigkeit, Opferbereitschaft und mangelnde Authentizität, Rollenverhalten, Auseinandersetzungen, Konkurrenzverhalten und Gewinnorientiertheit weniger Bedeutung einräumt als Verbundenheit und der Beziehung selbst. Als echte Partner haben wir die Reife, um zu erkennen, wenn etwas aus dem Ruder gelaufen ist oder erledigt werden muss. Wir wissen, dass wir aufgerufen sind, eine Besserung herbeizuführen. Wenn wir alles in unseren Möglichkeiten Stehende einbringen, dann wird unser Partner es ebenfalls tun. Manchmal werden wir in der Partnerschaft die Führung übernehmen, und manchmal werden wir unserem Partner folgen, doch wird der Beitrag unseres Partners dem unseren immer gleichwertig sein.

Übung

Mit wem können Sie sich heute partnerschaftlich verbinden? Für wen könnten Sie sich einsetzen und mit wem in einer gleichberechtigten Partnerschaft verbinden? Partnerschaftlichkeit ist für Sie und Ihren Partner die beste Wahl, denn sie macht Sie beide erfolgreicher, als Sie es allein jemals sein könnten.

87. Über Fehler hinwegsehen

Indem wir über Fehler hinwegsehen,
bewahren wir uns davor, sie durch
übertriebene Aufmerksamkeit
noch zu verstärken. Es kann ein Akt
der Barmherzigkeit sein.
Eine solche Haltung vermeidet
die im Allgemeinen wirkungslose
und psychologisch schädliche Bestrafung
und lässt dennoch genug Raum,
um die Lektion zu lernen.

Indem wir über Fehler hinwegsehen, bewahren wir uns davor, sie durch übertriebene Aufmerksamkeit noch zu verstärken. Es entsteht dann nicht die Negativität, die einen Fehler entweder verstärkt oder uns zwar zu richtigem Handeln veranlasst, unser Handeln jedoch mit einem unguten Gefühl belastet. Dieses ungute Gefühl führt zu einem Rollenspiel, das zwar richtiges Handeln zur Folge hat, dessen Ursprung aber eine Kompensation von Schuldgefühlen, Versagensängsten und mangelndem Selbstwertgefühl ist. Rollenspiel veranlasst uns, das Richtige aus den falschen Gründen zu tun, und es hindert uns daran, uns für unser richtiges Handeln belohnen zu lassen. Wir verhalten uns zwar »politisch korrekt«, aber eben nicht wahrhaftig oder authentisch. Über Fehler hinwegzusehen kann ein Akt der Barmherzigkeit sein. Eine solche Haltung vermeidet die im Allgemeinen wirkungslose und psychologisch schädliche Bestrafung und lässt dennoch genug Raum, um die Lektion zu lernen. Folglich kann die Korrektur erfolgen und das Ziel erreicht werden, ohne dass dies einen der Beteiligten irgendetwas kostet. Wer über Fehler hinwegsieht, der hat erkannt, dass die Bestrafung von Fehlern destruktiv und dass es wichtiger ist, Beziehungen, Leistungsfähigkeit und Effektivität aufzubauen und das gesteckte Ziel zu erreichen. Wo man einen Fehler großzügig übersieht, sind weder Unterweisung noch Ermahnungen erforderlich, denn die Person, die den Fehler gemacht hat, weiß bereits, was sie beim nächsten Mal anders machen muss. Es sind immer nur eigene Schuldgefühle, die eines anderen Bestrafung verlangen. Wenn wir uns auf die Fehler des anderen konzentrieren, dann verleihen wir ihnen mehr Gewicht, als Ihnen eigentlich zukommt. Gehen wir jedoch über die Fehler des anderen in einem Geist von Vertrauen und Güte hinweg, dann werden auch unsere eigenen Fehler entsprechend korrigiert, und wir entwickeln uns weiter. Wenn wir feststellen, dass wir einen anderen Menschen unablässig korrigieren, dann sind wir blind und arrogant geworden.

Über Fehler hinwegzusehen hilft uns nicht nur, den Splittern im Auge des anderen mit Nachsicht zu begegnen, sondern auch dabei den Balken aus unserem eigenen Auge zu entfernen.

Übung

Sehen Sie sich heute gründlich um. Wo gestatten Ihnen Freundlichkeit, Nächstenliebe, Barmherzigkeit und Wahrheit, über den Fehler eines anderen hinwegzusehen?

88. *Gemeinschaft*

Gemeinschaft bewirkt ein Gefühl
des Einsseins mit einem Menschen,
einer Seele oder einer Situation,
das höheres Bewusstsein manchmal
bis hin zur Erleuchtung mit sich bringt.

Gemeinschaft ist eine Ebene der Kommunikation und des Verbundenseins, die an Einheit reicht. Es ist eine so tiefe Ebene der Liebe, dass in jenen Momenten, da sie betreten wird, alle Schranken fallen und reines Entzücken herrscht. Gemeinschaft bewirkt ein Gefühl des Einsseins mit einem Menschen, einer Seele oder einer Situation, das höheres Bewusstsein manchmal bis hin zur Erleuchtung mit sich bringt. Wir kommen uns vor wie im Himmel auf Erden. Wenn die Beschränkungen des Egos sich so nachhaltig in Liebe auflösen, werden visionäre Ebenen des Verbundenseins und der Ekstase erreicht. Gemeinschaft heißt, dass wenigstens für den Moment jegliches Urteilen entfällt und dass sich der Mensch vor uns in all seiner Schönheit, seiner Großartigkeit und seiner Anmut zeigen kann. Gemeinschaft befreit uns von den Fesseln des Körpers und hilft unserem Geist, die Glückseligkeit einer vollkommenen Liebe zu erreichen.

Übung

Wählen Sie heute den Menschen, dem Sie sich am nächsten fühlen, und verbinden Sie sich mit ihm so tief, wie Sie nur können. Die auf diese Weise empfundenen starken Gefühle der Liebe gehören zum Höchsten, was Menschen widerfahren kann.

89. *Ganzheit*

Ganzheit kennt auch keine Angst,
sie bringt Bindung, Verständnis
und Bereitwilligkeit hervor.
Von sich selbst erfüllt
will sie nur geben und teilen,
und sie wächst noch,
wenn sie mit anderen
geteilt wird.

Ganzheit braucht nichts und stellt darum auch keine Forderungen. Sie kennt keine Wut, denn wer in sich vollständig ist, hat kein Kontrollbedürfnis. Ganzheit kennt auch keine Angst, sie bringt Bindung, Verständnis und Bereitwilligkeit hervor. Von sich selbst erfüllt will sie nur geben und teilen, und sie wächst noch, wenn sie mit anderen geteilt wird. Ganzheit ist zentriert, und daher kann sie zugleich spielerisch und heilend, irgendwie strahlend und ansteckend wirken, sodass andere, die ihre Mitte verloren haben, sich zu entfalten beginnen und zu sich zurückfinden. Ganzheit ist die Erinnerung daran, wie Gott, der Inbegriff der Ganzheit, uns geschaffen hat. Wer Ganzheit erlebt, der erkennt, dass er vollständig ist und dass es folglich, ganz von innen her gesehen, nichts für ihn zu tun, nichts zu beenden und nichts zu beginnen gibt. Dies zu erkennen, das ist Erleuchtung. Ganzheit ist ein Kanal der Gnade und das Fundament für Liebe und Freude. Sie erkennt, dass all unsere Bedürfnisse ihren Ursprung in unserem verfehlten Selbstbild haben und ebenso gut abgeworfen werden können. Ganzheit identifiziert uns mit unserem Geist, unserer Macht und unseren Gaben als Kind Gottes.

Übung

Entsinnen Sie sich heute Ihrer Ganzheit, die ein Aspekt Ihrer selbst als reiner Geist ist. Erschaffen von Gott sind Sie reiner Geist und eine Erweiterung des liebenden göttlichen Geistes. Folglich gibt es nichts, was Sie heute brauchen. Erinnern Sie sich daran, wer Sie Ihrem Ursprung nach tatsächlich sind, und finden Sie Frieden. Erfreuen Sie sich der Gnade und des Lichtes. Lassen Sie es zu, dass heute der Tag ist, an dem nichts erledigt werden muss, und wenn doch, dann lassen Sie es die Gnade durch Sie und Ihre Ganzheit tun. Entspannen Sie sich in Ihre Ganzheit hinein, die verborgen unter all den Konflikten immer weiter existiert.

90. Opferbereitschaft heilen II

Wo wir uns aufopfern, können wir uns auch entscheiden, wirklich zu geben. Unsere Bewusstheit und die von uns getroffene Wahl vermag Opferbereitschaft in echte Anteilnahme und Heilung zu verwandeln.

Opferbereitschaft ist ein psychologischer Fehler, der sich zu einer der schwer wiegensten Ego-Fallen der Menschheit entwickelt hat. Das Opfer Christi sollte diese Falle unschädlich machen, doch das Ego sorgt dafür, dass wir immer wieder in sie hineintappen. Opferbereitschaft ist der Versuch, etwas zu tun, ohne sich selbst zu geben, und erzeugt deshalb Unattraktivität und Leblosigkeit. Opferbereitschaft trägt verborgenen Konkurrenzgeist in sich und verschleiert die Angst vor dem nächsten Schritt und vor Nähe. Wer sich der Opferbereitschaft verschreibt, der ist bereit, jetzt zurückzustehen, falls seine Bedürfnisse später befriedigt werden. Als Verteidigungsstrategie, die uns beschützen soll, bewirkt sie schließlich genau das, wovor sie uns bewahren sollte. Opferbereitschaft steht der Gleichheit entgegen und blockiert aus diesem Grund Vertrautheit und Erfolg. Sie nährt unseren Dünkel und lässt uns scheinbar unabhängiger werden, weil andere, die wir stützen müssen, dann scheinbar nicht so unabhängig sind. Oder aber sie erniedrigt uns, macht uns von anderen abhängig und vermittelt uns das Gefühl, dass wir uns aufgeben müssen, um einer Beziehung wert zu sein. Wir halten unser »Selbst« für nicht gut genug, also opfern wir dieses »Selbst«, damit wir uns mit der Identität des anderen, die uns so viel besser erscheint als die unsere, identifizieren können und von ihr getragen werden. Dies führt zu einer Einschmelzung unserer Identität in die des anderen, zur Verringerung unserer Attraktivität, zur Unkenntlichkeit von Grenzen und zu Unmut über das geleistete Opfer.

Opferbereitschaft gibt, doch empfängt sie nicht und bewirkt daher Erschöpfung und Auszehrung. Nach Verlusten oder nicht verarbeiteten Traumata ist sie eine der am häufigsten gewählten Rollen. Sie zwängt uns in Muster ein, die uns ein Leben lang beeinflussen können. Opferbereitschaft ist außerdem im Familienzusammenhang eine der zentralen Rollen, mit der wir unsere in Schwierigkeiten geratene Familie zu retten versuchen und uns selbst zum Märtyrertum verleiten. Wir benutzen das Misslingen unseres Rettungsversuches als Entschuldigung dafür, dass wir nicht für unseren eigentlichen Lebenszweck leben. Diese Tatsache verbergen wir unter Schmerz und Groll. Es gelingt uns nie, unsere Rolle zur Zufriedenheit zu spielen, und wir versuchen daher, mit weiterem Rollenspiel Abhilfe zu schaffen. Da uns auch hier kein Erfolg beschieden ist, tragen wir schließlich nur noch mehr Ärger, Niederlage und Schuld in die Familie hinein.

Ziehen Sie das Nachfolgende in Betracht. Wenn Sie sich aus Liebe zu Ihren Kindern aufopfern, damit diese es »einmal besser haben«, dann müssen Ihre Kinder aus Liebe zu Ihnen in Ihre Fußstapfen treten und ihrerseits ein entsagungsreiches Leben führen. Oder aber sie leben in Saus und Braus und bringen somit die dunkle Seite der Opferbereitschaft zum Vorschein. Außerdem sind wir, weil wir nicht empfangen können, ständig veranlasst, uns mit Nachgiebigkeit gegen uns selbst zu trösten. Das jedoch steigert nur unsere Schuldgefühle und unsere Selbstzweifel, und wir versuchen, mit weiterer Opferbereitschaft einen Ausgleich herzustellen. Schließlich finden wir uns in einem endlosen Kreislauf aus Schuld, Opferbereitschaft, Erschöpfung und Schwelgerei wieder.

Übung

Nehmen Sie sich heute vor, sich Ihr Opferverhalten bewusst zu machen und in echtes Geben und Empfangen zu verwandeln. Wo Sie sich aufopfern, können Sie sich auch entscheiden, wirklich zu geben. Ihre Bewusstheit und die von Ihnen getroffene Wahl vermag Opferbereitschaft in echte Anteilnahme und Heilung zu verwandeln.

91. Engel

Engel haben ihren Ursprung
auf einer anderen Ebene und
in einer anderen Seinsordnung.
Bereits ihre Existenz lässt auf
vollkommen andere Prioritäten
schließen als diejenigen,
in die wir uns im Alltag
nur zu oft verstricken lassen.

Engel sind Lichtwesen, die sich aus der Ewigkeit in die Zeit, hinunter auf die irdische Ebene begeben, um der Menschheit zu Diensten zu sein. Ausgesandt von Gott, um uns anzuleiten und die Kommunikationswege offen zu halten, erinnern sie uns daran, dass wir geliebt und umsorgt werden, ob wir uns dessen bewusst sind oder nicht. Gelegentlich, in Zeiten der Not oder um direkte Botschaften zu vermitteln, nehmen Engel physische Gestalt an. Als Boten der Gnade rufen sie uns ins Bewusstsein, dass das Leben mehr ist als die Wirklichkeit unserer physischen Wahrnehmung und dass auch wir eigentlich Geschöpfe der Ewigkeit sind, die vorübergehend in der Zeit existieren. Engel sind an schlechten wie an guten Tagen für uns da, um uns wissen zu lassen, dass keine einzige Aufgabe von uns allein bewältigt werden muss. Engel haben ihren Ursprung auf einer anderen Ebene und in einer anderen Seinsordnung. Bereits ihre Existenz lässt auf vollkommen andere Prioritäten schließen als diejenigen, in die wir uns im Alltag nur zu oft verstricken lassen. Ihr Einfluss bleibt oft unerkannt, doch heben sie uns auf eine neue Ebene der Führung und Liebe und versuchen, immer das Allerbeste in uns zum Vorschein zu bringen. Sie suchen auch noch nach den kleinsten Öffnungen in unseren Herzen, um uns zu erheben und unser Bewusstsein zu steigern.

Übung

Stellen Sie sich heute vor, dass Engel Sie auf all Ihren Wegen begleiten, wohin Sie auch gehen. Sie helfen Ihnen bei der Lösung von Problemen, sie unterstützen und inspirieren Sie. Sie helfen außerdem, wenn wir in negativen Gefühlen wie Angst, Einsamkeit und Depression feststecken. Wir sind nicht allein. Wir werden geliebt. Hilfe ist nahe. Stimmen Sie sich darauf ein und sperren Sie die Ohren auf.

92. Ernte

Die Ernte steht für Vollständigkeit und Dankbarkeit – dafür, was Natur, Gnade und Glaube in der Partnerschaft für uns erreicht haben.
Zum Schluss kann alles Unwahre korrigiert und ans Licht gehoben werden.

Ernte steht für die Vollendung eines Zyklus, ist seine Krönung und sein Zweck. Das erforderliche Pflügen, Säen und Jäten ist geleistet und nun ist es an der Zeit zu ernten. Es ist der Zeitpunkt, da wir die Früchte unserer Arbeit einfahren. Es ist beides: die Erlangung von Reife und sie zu feiern in einer Zeit der Fülle. Wir haben hart gearbeitet und uns selbst gegeben. Wir haben alles getan, was in unseren Möglichkeiten stand, und nun ist die Zeit der Belohnung gekommen. Die Ernte ist im Zyklus der Natur der Punkt des Empfangens und der Erneuerung, der uns zeigt, was wir mit Geist, Herz, Stimme und Händen erreicht haben. Sie ist die abschließende Erfüllung vor einer Zeit der Ruhe und Reflexion, die sich nun bald anschließen wird. Die Ernte steht für Vollständigkeit und Dankbarkeit – dafür, was Natur, Gnade und Glaube in der Partnerschaft für uns erreicht haben. Zum Schluss kann alles Unwahre korrigiert und ans Licht gehoben werden. Dies ist die Zeit, in der man sich an seinen Erfolgen erfreut und alles, was ausgebracht wurde, erntet.

Übung

Die Ernte steht vor der Tür. Die Zeit ist gekommen, sich zu freuen und zu feiern. Empfangen Sie und erfreuen Sie sich an allem. Lassen Sie sich erfrischen, erfüllen und erneuern. Empfinden Sie Dankbarkeit für sich selbst und für alle, die Ihnen auf Ihrem Weg geholfen haben. Lassen Sie sich vom Reichtum des Lebens und von Ihren Leistungen erfüllen.

93. Zuflucht

Wenn wir nicht nur darauf aus sind, etwas zu bekommen oder von jemandem zu nehmen, dann können wir auch für einen Menschen zur Zuflucht werden, den wir eben erst kennen gelernt haben, können ihm helfen, zu entspannen, zu sich selbst und Frieden zu finden.
In einer solchen Situation kann eine Bindung zwischen uns entstehen, können Fremde vorübergehend zu Freunden werden.

Eine Zuflucht ist ein Ort der Sicherheit, an dem wir unsere Waffen niederlegen können. Manchmal ist es auch ein Mensch, in dessen Armen wir ausruhen und entspannen dürfen. Er schenkt uns Trost, stärkt uns und gestattet uns, eine Pause einzulegen, bevor wir uns wieder auf den Weg machen müssen. Vielleicht sind auch wir für andere ein sicherer Hafen und öffnen ihnen unser Herz als Zuflucht. Wir geben ihnen das Gefühl, zu Hause zu sein, und die Gastfreundschaft, die unser Herz ausstrahlt, erstreckt sich über unsere Familienmitglieder und Freunde hinaus. Wenn wir nicht nur darauf aus sind, etwas zu bekommen oder von jemandem zu nehmen, dann können wir auch für einen Menschen zur Zuflucht werden, den wir eben erst kennen gelernt haben, können ihm helfen, zu entspannen, zu sich selbst und Frieden zu finden. Gelegentlich, wenn wir andere auf diese Weise stützen, erzählen sie uns ihre Geschichte, weil sie unser Interesse, unser Wohlwollen und unsere Aufmerksamkeit spüren. In einer solchen Situation kann eine Bindung zwischen uns entstehen, können Fremde vorübergehend zu Freunden werden. Der neue Freund wird mit einem Gefühl von Erleichterung fortgehen und wir beide fühlen uns durch den Kontakt ermutigt und belebt. In einem solchen Moment, wenn Frieden herrscht statt Schmerz, rückt die Welt näher zusammen.

Übung

Sehen Sie sich heute genau um. Ist da vielleicht jemand, der sich Ihnen als Zuflucht zur Verfügung stellt, oder sind Sie aufgerufen, mit Ihrem reinen Herzen für jemanden zu einem Zufluchtsort zu werden? Beides wird Ihnen zum Segen gereichen.

94. Transzendenz

Transzendenz zu erfahren
ist der Sprung, mit dem wir
uns über unsere Barrieren
hinwegsetzen und uns selbst
auf einer neuen Ebene der Macht,
Kraft, Ganzheit und Liebe entdecken,
bis wir schließlich an einen Ort ohne
Grenzen finden.

Wir alle kommen mit Beschränkungen und Problemen auf die Welt. In der Regel ist ihre Zahl größer, als wir im Laufe unseres Lebens bewältigen können. Dennoch liegt es in unserer Natur, jegliche Begrenzung transzendieren zu wollen. Unser Geist besitzt die Fähigkeit, den Himmel, die Erleuchtung und die Einheit zu erfahren. Vielleicht werden wir eine Zeit lang aufgehalten, doch wir tragen in uns den angeborenen Wunsch, uns nicht zu lange bremsen zu lassen. Nur das Ego kämpft darum, den Status quo beizubehalten, selbst wenn er jämmerlich ist. Das Ego hasst Veränderung, weil es dabei eine seiner vielen Schichten einbüßen könnte. Indem wir uns auf eine neue Erfolgsebene begeben, erreichen wir auch eine neue Ebene der Partnerschaft und der Innigkeit. All dies reißt die Mauern des Egos ein, das, um seinen Fortbestand zu sichern, uns mit nichts als Verzögerung und Ablenkung beschäftigt. Zum Glück gibt es etwas in uns, das stärker ist und über Beschränkungen hinausgehen möchte. Wir suchen nach einem Weg, um in bewusster Entwicklung über uns selbst hinauszuwachsen und um Bestandteile unseres Geistes zurückzuholen, die wir aus Angst und aufgrund von Vorverurteilungen abgespalten haben. Unser Geist enthält im Inneren Ganzheit und Einheit, und dies ist es, was wir in unserer Entwicklung verwirklichen möchten. Im Verlauf ihrer Entwicklung verschloss sich die Menschheit einem Großteil ihrer Gaben und ihres Geistes und wurde wie ein alter Mann, der immer weniger Räume in seinem großen Haus bewohnt. All unsere wirklichen Entdeckungen sind im Grunde Bestandteil eines Genesungsprozesses. Transzendenz zu erfahren ist der Sprung, mit dem wir uns über unsere Barrieren hinwegsetzen und uns selbst auf einer neuen Ebene der Macht, Kraft, Ganzheit und Liebe entdecken, bis wir schließlich an einen Ort ohne Grenzen finden. Das Ego erwärmt sich für Grenzen, Barrieren, Verteidigungslinien und ist davon besessen zu richten. Es vermeidet geflissentlich die Wahrheit, die allein Transzendenz bewirkt. Transzendenz eröffnet der Menschheit immer größere Gaben.

Übung

Untersuchen Sie die zentralen Probleme in Ihrer Umgebung. Sie können sie überwinden, indem Sie sich selbst, dem anderen oder Gott vergeben. Außerdem überwinden Sie Ihre gegenwärtigen Beschränkungen, indem Sie da geben, wo Sie sich zuvor in sich zurückgezogen haben, indem Sie da Vereinigung suchen, wo Sie abgeschnitten waren, indem Sie das loslassen, woran Sie sich in der Vergangenheit festgeklammert haben und was nur in Ihrer Fantasie existiert. Oder aber Sie machen einen Schritt vorwärts, indem Sie Ihren höheren Geist bitten, Sie von lähmender Angst zu befreien. Bitten Sie den Himmel um Gnade und Wahrheit und um die Befreiung von der Schuld, die Sie festsetzt. Bitten Sie darum, zum nächsten Schritt geführt zu werden. Entscheiden Sie sich für Transzendenz als Ihr Vermächtnis und Geburtsrecht.

95. *Meisterschaft*

Meisterschaft beinhaltet das
einfache und doch so sinnhaltige
Leben im Hier und Jetzt.
Ein Meister ist Bestandteil der Welt und
ihrer Begrenzung, er erkennt jedoch,
dass sie nicht sein Zuhause ist
und dass die Sehnsucht in ihm
nur durch die ruhige Hinwendung
zu Gottes Liebe, seinem Frieden
und seiner Gegenwart gestillt
werden kann.

Ein Meister ist jemand, der in sein Zentrum zurückgefunden hat und mehr im Sein lebt als im Planen, in der Hast des Tuns oder im Werden der Entwicklung. Meisterschaft beinhaltet das einfache und doch so sinnhaltige Leben im Hier und Jetzt. Wir haben alle Ziele aufgegeben und der Friede Gottes ist zu einem Flussbett für Gnade, Liebe und Wunder geworden. Zwar leben wir in der Welt einer nur scheinbaren Wirklichkeit, doch durchschauen wir sie als Illusion und lassen uns nicht von ihren Träumen einfangen. Da wir uns als Kinder Gottes erkennen, lassen wir uns nicht in die Dramen der Welt verstricken. Ein Meister weiß, dass sich aus spiritueller Sicht alles, was geschieht, zum Besten aller ereignet. Er weiß, dass sich das Leben, um die erforderliche Heilung zu erreichen, auf der höchstmöglichen Ebene entfaltet. Ein Meister ist Bestandteil der Welt und ihrer Begrenzung, er erkennt jedoch, dass sie nicht sein Zuhause ist und dass die Sehnsucht in ihm nur durch die ruhige Hinwendung zu Gottes Liebe, seinem Frieden und seiner Gegenwart gestillt werden kann. Ihm ist bewusst, dass alle Menschen unschuldig sind, und sein ganzes Tun ist von diesem Bewusstsein durchdrungen. Der Geist des Meisters gibt sein albernes Plappern auf, weil seine Persönlichkeit an Bedeutung verloren hat. Der Verlust des kleinmütigen Geistes eröffnet den Zugang zur Seele, Spaß und Humor verdreifachen sich, Intuition und innere Führung sind stark, und alles wird ausschließlich durch Gnade erreicht. Die Bindung zu unseren Mitmenschen und zum Himmel wird wiederhergestellt.

Übung

Bitten Sie heute darum, in Ihre Mitte zu gelangen und dann auf immer höhere Ebenen, um Friede und Freude zu erlangen. Genehmigen Sie sich die Wirksamkeit der Meisterschaft, bei der eine aus der Wahrhaftigkeit heraus getroffene Entscheidung ein Jahrzehnt harter Arbeit ersetzt. Heute gibt es nichts für Sie zu tun. Alles, was geschehen muss, wird die Gnade für Sie besorgen, wenn Sie es nur zulassen. Heute ist ein Tag, um Ihre Gaben und Ihre Gegenwart mit anderen zu teilen und um sich in die Umarmung des Himmels hinein zu entspannen. Heute erwarten Sie die Antworten auf jede beliebige Frage, die Sie vielleicht haben, wenn Sie es Ihrem Geist gestatten zu entspannen und die Antworten hören.

96. Entzücken

Entzücken ist ein Moment
reinen Glücks, der uns auf
überraschende Weise zu
öffnen vermag.
Es führt uns in den Kern dessen,
was Spaß macht und lustig ist,
und gibt unserem Leben
sein Gleichgewicht zurück,
indem es die Dinge in die
richtige Perspektive rückt.

Entzücken ist ein Moment reinen Glücks, der uns auf überraschende Weise zu öffnen vermag. Entzücken kann sich durch Spiel, Humor, eine Begegnung, eine fröhliche Überraschung, eine Gabe, einen errungenen Sieg, eine Entdeckung, Liebe, sexuelle Erfahrung, eine Öffnung, die uns Augenblicke intensiv empfundenen Wohlbefindens eröffnet, reines Vergnügen oder ein glückliches Ereignis einstellen. Entzücken wirft einen Blick auf die Intensität jenes Glücks, welches das Licht des Geistes und der Einheit beinhaltet. Es enthält Gefühle des Jubels und reiner Freude, wenn auch nur für den Bruchteil einer Sekunde. Entzücken erzeugt harmonischen Fluss, wirkt erfrischend und öffnet uns dem Leben auf eine Weise, die mehr die Ausnahme als die Regel ist. Entzücken verbindet uns in wohltuenden Augenblicken mit anderen. Es kann der Zauberstab einer Führungspersönlichkeit und das Gespür des Meisters für Wunder, es kann auch einfach fröhlicher Unfug, der mit seiner Verspieltheit und Neckerei nur Gutes bewirkt, sein. Es führt uns in den Kern dessen, was Spaß macht und lustig ist, und gibt unserem Leben sein Gleichgewicht zurück, indem es die Dinge in die richtige Perspektive rückt.

Übung

Wenn Sie heute aufstehen und sich dem Tag zuwenden, dann öffnen Sie sich dem Entzücken. Finden Sie alles, was Ihnen heute Entzücken bereiten will, und nehmen Sie es in sich auf. Es wird Sie überraschen, wie viel Entzücken der Tag für Sie bereithält, wenn Sie sich nur dafür öffnen.

97. Abenteuer

Abenteuer ist ein Geisteszustand,
in dem wir die Gegenwart genießen,
zugleich aber auch offen sind
für mögliche Herausforderungen.
Abenteuer erfüllen unser Leben
mit Begeisterung und heben uns
auf eine neue Ebene der Bewusstheit
und Wachheit.

Abenteuer ist ein Geisteszustand, in dem wir die Gegenwart genießen, zugleich aber auch offen sind für mögliche Herausforderungen. Abenteuer kommen in vielerlei Gestalt zu uns. Es kann sich um ein inneres Abenteuer handeln, das wir in unserem Geist erleben, oder um ein äußeres wie etwa eine Reise, oder um eines, das sich sowohl innen wie außen ereignet, zum Beispiel eine zwischenmenschliche Beziehung. Abenteuer kann in der Form einer Selbsterforschung des Bewusstseins zu uns kommen oder in der Vereinigung auf immer neuen Ebenen der Liebe und Innigkeit in einer Partnerschaft. Es kann mit der Morgendämmerung eines neuen Tages oder mit Heilung und Lernen einhergehen. Es kann das Resultat einer Erfahrung sein, die uns einen neuen Blick auf unser Leben beschert. Abenteuer kann Risiko beinhalten, und das ist es, was es so fesselnd macht. Es ist eine Herausforderung, die keinen Erfolg garantiert. Abenteuer erfüllen unser Leben mit Begeisterung und heben uns auf eine neue Ebene der Bewusstheit und Wachheit. Wir fordern uns selbst heraus und messen uns an irgendeinem Aspekt des Lebens. Abenteuer sind ein hervorragendes Mittel gegen Taubheit im Leben und in Beziehungen. Die meisten von uns fühlen sich, wenn es um Abenteuer geht, hin und hergerissen. Einerseits wünschen wir uns Sicherheit, Kontrolle und Berechenbarkeit, andererseits aber auch die mit dem Abenteuer einhergehende Erregung und das Gefühl, etwas geleistet zu haben. Nur wenn wir diese beiden Seiten unserer selbst integrieren, können wir die Zuversicht entwickeln, um das Risiko des Abenteuers auf uns zu nehmen und dabei zugleich Sicherheit und Erfolg berücksichtigen.

Die Herausforderung des Abenteuers erlaubt es uns, einen Schritt nach vorn zu machen und uns selbst auf einer vollkommen neuen Ebene kennen zu lernen. Sie zwingt uns, uns innerlich zu strecken, und führt uns einen in uns wohnenden Einfallsreichtum vor Augen, dessen Existenz wir bisher nicht erahnten.

Übung

Erbitten Sie von Ihrem höheren Geist die erforderliche Zuversicht, um Ihr Leben, Ihre Beziehungen, Ihre berufliche Laufbahn oder irgendeinen anderen Bereich, dem die Würze fehlt, mit Abenteuer zu erfüllen.

98. Ruhen in Gott

Auf einer der untersten Ebenen
unseres Geistes machen wir Gott
für das verantwortlich, was in
unserem Leben und in der Welt
schief gegangen ist, wollen wir ihn
zum Eingeständnis seines Versagens
bringen und seine Macht an uns reißen.
Wenn wir bereit wären, Gott Gott sein
zu lassen, statt selbst Gott sein
zu wollen, dann könnten wir unsere
Bürde ablegen und in Gott ruhen.

In seiner gegen das Bürgertum des neunzehnten Jahrhunderts gerichteten Anklage behauptet Nietzsche: »Gott ist tot.« Damit wollte er zum Ausdruck bringen, dass die Menschen so leben, als sei Gott tot. Unglücklicherweise ist diese Anklage auch heute noch gültig. Die Menschen leben noch immer so, als sei Gott tot, oder sie schubsen Gott herum und verkaufen ihn. Da Gott jedoch unser liebender Vater ist, fordert er uns lediglich auf, unser Leiden aufzugeben und in seinen Armen zu ruhen. Er will, dass wir seine Gaben und die Segnung unseres Lebens durch ihn annehmen. Rachegefühle und Rebellion gegenüber unseren Eltern sind zwei der zentralen Übel, die uns schließlich im Leben versagen lassen, und auf einer tieferen, sehr viel unzugänglicheren Ebene leidet unsere Beziehung zu Gott unter dieser Dynamik. So töricht und impertinent es auch klingen mag: Auf einer der untersten Ebenen unseres Geistes machen wir Gott für das verantwortlich, was in unserem Leben und in der Welt schief gegangen ist, wollen wir ihn zum Eingeständnis seines Versagens bringen und seine Macht an uns reißen. Wenn wir bereit wären, Gott Gott sein zu lassen, statt selbst Gott sein zu wollen, dann könnten wir unsere Bürde ablegen und in Gott ruhen. Wir könnten uns unser Leiden ersparen, die Rückkehr unserer Unschuld bewirken und Versuchungen entfallen lassen. Wir würden einfach nur in Gott ruhen, würden weder sorglos noch sorgenvoll, sondern einfach sorgenfrei sein. Wir könnten uns an dem tiefen Frieden erfreuen, der seinen Ursprung in dem Wissen hat, dass die größte Kraft des Universums die Dinge für uns handhabt, während wir uns ausruhen.

Übung

Schließen Sie Ihre Augen und entspannen Sie sich. Stellen Sie sich vor, dass Sie von der Liebe Gottes eingehüllt sind. Ruhen Sie in Gottes Armen, schenken Sie Ihrem Geist die Freiheit und lassen Sie Ihre Seele zu Gott aufsteigen. Gestatten Sie es heute Gott, Ihr Leben in die Hand zu nehmen.

99. Wahre Identität

Unsere wahre Identität ist
zentriert in Frieden und Ganzheit,
kennt weder Konflikte noch
Forderungen oder Bedürfnisse.
Sie repräsentiert Unschuld,
die Selbsttäuschung meidet und
Leichtigkeit und Gnade sucht.
Unsere wahre Identität befindet sich
in unserer Mitte, im Hier und Jetzt,
wo es kein Suchen gibt und wo
Finden alles ist.

Wenn wir wissen, wer wir sind, dann wissen wir auch, was wir wirklich wollen. Bis wir endlich erwachsen sind, haben wir so viele Rollen und Persönlichkeiten ausprobiert, dass uns unsere Authentizität abhanden gekommen ist. Folglich kann es leicht geschehen, dass unser Nachruf schließlich einem anderen Menschen zu gelten scheint. Wir haben so viele falsche Bedürfnisse und Wünsche, die ihren Ursprung in so vielen falschen Persönlichkeiten und Selbstbildern haben und allesamt die Folge einer emotionalen Zersplitterung oder verlorener Bindung sind. Wir verschwenden so viel Zeit, dass uns die Zeit aufzehrt. Selbstbetrug und Selbsttäuschung bewirken, dass zum Schluss niemand mehr übrig ist, dem wir treu sein können. Die Richtungen, die wir einschlagen, unser Handeln, unsere Werte, unsere Gedanken und unsere Gefühle werden davon bestimmt, für wen wir uns halten. Unsere falschen Identitäten bringen uns aus dem Gleichgewicht, veranlassen uns zu Opferbereitschaft, machen uns bedürftig und lassen uns falscher Unabhängigkeit anheimfallen. Sie bringen uns dazu, Träume, die uns nicht erhalten und nicht glücklich machen, als Fundament unseres Daseins zu wählen. Unseren falschen Identitäten fehlt der Mut, uns der Mensch sein zu lassen, als der wir gemeint waren. Damit verhindern sie die Entfaltung unseres eigentlichen Schicksals. Unsere wahre Identität hingegen ist zentriert in Frieden und Ganzheit, kennt weder Konflikte noch Forderungen oder Bedürfnisse. Sie repräsentiert Unschuld, die Selbsttäuschung meidet und Leichtigkeit und Gnade sucht. Unsere wahre Identität befindet sich in unserer Mitte, im Hier und Jetzt, wo es kein Suchen gibt und wo Finden alles ist. Sie trägt die wertvollen Gaben Genie und Meisterschaft auf die Erde, um der Menschheit zu dienen.

Shakespeare brachte die Bedeutung der wahren Identität in seiner Tragödie *Hamlet* durch Polonius zum Ausdruck: »Vor allem dieses: Sei dir selbst treu, und daraus folgt so wie die Nacht dem Tage, dass du dann keinem Menschen untreu sein kannst.«

Übung

Nehmen Sie heute Ihre wahre Identität an. Bitten Sie um Aufschluss darüber, wer Sie wirklich sind. Bitten Sie darum, dass heute all Ihre falschen Persönlichkeiten entfallen und dass Sie erkennen mögen, wer Sie sind und was Sie wirklich wollen. Empfangen Sie heute im Geist Ihres wahren Selbst all die Gnade und Fülle, deren Bestandteil Sie sind, und lassen Sie Ihre Mitmenschen großzügig teilhaben.

100. Erwachen

Erwachen heißt, dem Ruf
der Liebe und Wahrheit
zu folgen und Träume als
Wirklichkeit aufzugeben.
Auf welche Weise das Erwachen
auch herbeigeführt wurde,
es befreit uns von den Ketten
der Illusion und beschert uns
eine ungleich umfassendere
Erfahrung der Wirklichkeit.

Erwachen ist das Prinzip des Auftauchens aus unseren Träumen und der Schritt zur Erleuchtung. Es ist die Verwirklichung der Einheit, die einhergeht mit Liebe und Licht. Auf dem Weg zur Erleuchtung findet Erwachen in zahlreichen kleinen Schritten statt. Jeder von ihnen reißt uns aus einem Traum, und wir gelangen zu Erkenntnissen über uns selbst, über das Leben und alles, was wichtig ist. All diese Schritte des Erwachens sind Bestandteile einer Stufe unserer Entwicklung, die dem Erkennen einer sogar noch größeren Seinswirklichkeit vorausgehen muss. Erwachen heißt, dem Ruf der Liebe und Wahrheit zu folgen und Träume als Wirklichkeit aufzugeben. Manches Erwachen ist die Folge eines Reifungsprozesses, anderes erwächst aus dem Verlangen nach und der bewussten Entscheidung für es selbst. Auf welche Weise das Erwachen auch herbeigeführt wurde, es befreit uns von den Ketten der Illusion und beschert uns eine ungleich umfassendere Erfahrung der Wirklichkeit. Im Fall des endgültigen Erwachens oder der Erleuchtung erkennen wir die Einheit aller Dinge, die da sind. Die Illusion von Trennung und Zersplitterung löst sich auf. Wir erkennen uns als Bestandteil der Einheit und erleben die Ekstase des Bewusstseins ob dieser umfassenden Gesamtheit. Thoreau sprach von unserer Bereitschaft, die Erwachen bewirkt, und unserer Angst vor der Überwältigung durch sie, als er schrieb: »Nur der Tag, an dem wir erwachen, bricht wirklich an, und sein strahlendes Licht blendet uns.«

Mögen Sie erkennen, dass der universelle Geist Sie sanft und unter Berücksichtigung Ihrer Bereitschaft weckt, und Sie behutsam auf dem Weg des Erwachens voranbringt.

Übung

Wählen Sie den heutigen Tag für Ihr Erwachen. Wünschen Sie sich Ihr Erwachen von ganzem Herzen. Ihr höherer Geist weiß genau, in welcher Intensität er Ihnen Erwachen zumuten kann und wird es Ihnen so leicht wie möglich machen.

Dank

Als mir die Idee zu diesem Buch kam, verlangte sie sofortige Aufmerksamkeit und Hinwendung. Peggy Chang, Kathy Strobel, Jane Corcoran, Sue Allen, Lucie Mattar und Heidi Ainsworth tippten und redigierten bereitwillig, was ich geschrieben hatte. Ich danke euch für all eure Hingabe und Hilfe. Dir, Sue, bin ich zu Dank verpflichtet, weil du für mein »Kind« ein Zuhause gefunden hast.

Unaussprechliche Dankbarkeit empfinde ich gegenüber meiner Frau Lency und unseren beiden wunderbaren Kindern. Ich danke Gott für euch.

Außerdem schulde ich dem *Kurs in Wundern* tiefen Dank für alles, was ich durch ihn lernen konnte, für die Führung, die Heilung und die Inspiration, die er mir zuteil werden ließ. Auf mein Leben hat er sich unendlich befruchtend ausgewirkt. Er ermöglichte es mir, jene innere Reifeprüfung abzulegen, die vom Schamanischen zum Spirituellen führt.